Elemente der Politik

Herausgegeben von
H.-G. Ehrhart, Hamburg
B. Frevel, Münster
K. Schubert, Münster
S. S. Schüttemeyer, Halle-Wittenberg

Die ELEMENTE DER POLITIK sind eine politikwissenschaftliche Lehrbuchreihe. Ausgewiesene Experten und Expertinnen informieren über wichtige Themen und Grundbegriffe der Politikwissenschaft und stellen sie auf knappem Raum fundiert und verständlich dar. Die einzelnen Titel der ELEMENTE dienen somit Studierenden und Lehrenden der Politikwissenschaft und benachbarter Fächer als Einführung und erste Orientierung zum Gebrauch in Seminaren und Vorlesungen, bieten aber auch politisch Interessierten einen soliden Überblick zum Thema.

Herausgegeben von
Hans-Georg Ehrhart
Institut für Friedensforschung
und Sicherheitspolitik an der
Universität Hamburg, IFSH

Klaus Schubert
Institut für Politikwissenschaft,
Westfälische Wilhelms-Universität
Münster

Bernhard Frevel
Fachhochschule für öffentliche
Verwaltung NRW, Münster

Suzanne S. Schüttemeyer
Institut für Politikwissenschaft,
Martin-Luther-Universität
Halle-Wittenberg

Andrea Schneiker

Sicherheit in den Internationalen Beziehungen

Theoretische Perspektiven und aktuelle Entwicklungen

Andrea Schneiker
Universität Siegen
Deutschland

Elemente der Politik
ISBN 978-3-658-13575-1   ISBN 978-3-658-13576-8 (eBook)
DOI 10.1007/978-3-658-13576-8

Die Deutsche Nationalbibliothek verzeichnet diese Publikation in der Deutschen Nationalbibliografie; detaillierte bibliografische Daten sind im Internet über http://dnb.d-nb.de abrufbar.

Springer VS
© Springer Fachmedien Wiesbaden 2017
Das Werk einschließlich aller seiner Teile ist urheberrechtlich geschützt. Jede Verwertung, die nicht ausdrücklich vom Urheberrechtsgesetz zugelassen ist, bedarf der vorherigen Zustimmung des Verlags. Das gilt insbesondere für Vervielfältigungen, Bearbeitungen, Übersetzungen, Mikroverfilmungen und die Einspeicherung und Verarbeitung in elektronischen Systemen.
Die Wiedergabe von Gebrauchsnamen, Handelsnamen, Warenbezeichnungen usw. in diesem Werk berechtigt auch ohne besondere Kennzeichnung nicht zu der Annahme, dass solche Namen im Sinne der Warenzeichen- und Markenschutz-Gesetzgebung als frei zu betrachten wären und daher von jedermann benutzt werden dürften.
Der Verlag, die Autoren und die Herausgeber gehen davon aus, dass die Angaben und Informationen in diesem Werk zum Zeitpunkt der Veröffentlichung vollständig und korrekt sind. Weder der Verlag noch die Autoren oder die Herausgeber übernehmen, ausdrücklich oder implizit, Gewähr für den Inhalt des Werkes, etwaige Fehler oder Äußerungen.

Lektorat: Jan Treibel

Gedruckt auf säurefreiem und chlorfrei gebleichtem Papier.

Springer VS ist Teil von Springer Nature
Die eingetragene Gesellschaft ist Springer Fachmedien Wiesbaden GmbH

Abkürzungsverzeichnis

ASEAN	Association of Southeast Asian Nations
CAAT	Campaign Against Arms Trade
CCR	Center for Constitutional Rights
COW	Correlates of War Project
DPKO	Department of Peacekeeping Operations (Vereinte Nationen)
ECOSOC	Economic and Social Council (Vereinte Nationen)
EHEC	Enterohämorrhagische Escherichia coli
EU	Europäische Union
HRW	Human Rights Watch
HSFK	Hessische Stiftung Friedens- und Konfliktforschung
IAEA	Internationalen Atomenergiebehörde
IB	Internationale Beziehungen
ICISS	International Commission on Intervention and State Sovereignty
ICoC	International Code of Conduct
INEF	Institut für Entwicklung und Frieden (Universität Duisburg-Essen)
INGO	International Nongovernmental Organization
ISAF	International Security Assistance Force
ISIS	International Security Information Service
IStGH	Internationaler Strafgerichtshof
KFOR	Kosovo Force
MINUSCA	United Nations Multidimensional Integrated Stabilization Mission in the Central African Republic
NATO	North Atlantic Treaty Organization

NGO	Nongovernmental Organization
NRF	NATO Response Force
NVV	Vertrag über die Nichtverbreitung von Kernwaffen
OAE	Operation Active Endeavour
OECD	Organisation for Economic Co-Operation and Development
OSZE	Organisation für Sicherheit und Zusammenarbeit in Europa
PRTs	Provincial Reconstruction Teams
PSMF	private Sicherheits- und Militärfirma
R2P	Responsibility to Protect
RSM	Resolute Support Mission
UNDP	United Nations Development Programme
UNFICYP	United Nations Peacekeeping Force in Cyprus
UNHCR	United Nations High Commissioner for Refugees
UNICEF	United Nations International Children's Emergency Fund
UNISOM	United Nations Operation in Somalia
UNITAF	Unified Task Force
UNOCI	United Nations Operation in Côte d'Ivoire
UNTAG	United Nations Transition Assistance Group
USAID	United States Agency for International Development
VENRO	Verband Entwicklungspolitik deutscher Nichtregierungsorganisationen
VJTF	Very High Readiness Joint Task Force
VN	Vereinte Nationen
WEU	Westeuropäische Union
WILPF	Women's International League for Peace and Freedom

Inhaltsverzeichnis

1 Einleitung 1
  1.1 Warum beschäftigt sich die Politikwissenschaft mit Sicherheit? 2
  1.2 Unterschiedliche Dimensionen von Sicherheit .. 9
      1.2.1 Sicherheit für wen oder was? 9
      1.2.2 Sicherheit vor was? 10
      1.2.3 Sicherheit mit welchen Mitteln? 11
  1.3 Struktur des Buches 12

2 Theoretische Perspektiven auf Sicherheit 19
  2.1 Realismus 21
  2.2 Institutionalismus 29
  2.3 Liberalismus 34
  2.4 Konstruktivismus 37
  2.5 Feministische Theorien und Gender-Ansätze ... 42
  2.6 Critical Security Studies 45
  2.7 (Sicherheits-)Governance 48

3 Wege zur Sicherheit I:
Internationale Regierungsorganisationen 57
  3.1 Die Vereinten Nationen 58
      3.1.1 System kollektiver Sicherheit 59
      3.1.2 Friedensmissionen 65
  3.2 Regionalorganisationen: Beispiel NATO 78

	3.2.1	Die Gründung der NATO als Bündnis kollektiver Verteidigung............	79
	3.2.2	Die Weiterentwicklung der NATO nach dem Ende des Ost-West-Konfliktes: Auf dem Weg zu einem kollektiven Sicherheitsbündnis?..............	82

4 Wege zur Sicherheit II: Normative Ebene 93

4.1 Human Security....................... 94
    4.1.1 Unterschiedliche Verständnisse von Human Security.................. 95
    4.1.2 Menschliche Sicherheit in der Sicherheitspolitik am Beispiel Deutschland: Vernetzte Sicherheit 98
    4.1.3 Kritik am Konzept menschlicher Sicherheit..................... 100
4.2 Responsibility to Protect (Schutzverantwortung) und humanitäre Interventionen 102
    4.2.1 Entstehungshintergrund der Responsibility to Protect: Praxis der humanitären Interventionen Anfang der 1990er-Jahre 103
    4.2.2 Kriterien für eine humanitären Intervention im Rahmen der Responsibility to Protect....................... 107
    4.2.3 Responsibility to Protect: eine Norm oder nicht?.................... 111
4.3 Gender Mainstreaming 113
    4.3.1 VN-Resolution 1325: Frauen, Frieden und Sicherheit 115
    4.3.2 Die Umsetzung der Resolution 1325: Gemischte Ergebnisse 117

5 Wege zur Sicherheit III: Nichtstaatliche Akteure 123

5.1 Private Sicherheits- und Militärfirmen (PSMFs) . . 124
    5.1.1 Begriffsbestimmung 126
    5.1.2 Gründe für die Privatisierung von Sicherheit 127
    5.1.3 Folgen der Privatisierung von Sicherheit 130

5.2 Internationale Nichtregierungsorganisationen (INGOs) 134
    5.2.1 INGOs – eine Begriffsbestimmung 136
    5.2.2 Funktionen von INGOs 138
    5.2.3 Strategien von INGOs 139
    5.2.4 INGOs: Beitrag zu mehr Demokratie oder egoistische Nutzenmaximierer? . . 141
    5.2.5 INGOs und Security Governance: Multistakeholderprozesse zur Regulierung von PSMFs 143

6 Schlussbetrachtung 147

6.1 Resümee 147
6.2 Ausblick 149

Literatur 151

Abbildungsverzeichnis

Abb. 1.1	Sicherheitsrat der Vereinten Nationen	5
Abb. 2.1	Balancing	24
Abb. 2.2	Bandwagoning	25
Abb. 2.3	Aufrüstung im Zuge eines Sicherheitsdilemmas	26
Abb. 2.4	Anzahl internationaler Regierungsorganisationen	30
Abb. 2.5	Governance-Struktur	49
Abb. 3.1	VN-Blauhelme	66
Abb. 4.1	Anteil von Frauen in Friedensmissionen der Vereinten Nationen	119
Abb. 5.1	Anzahl internationaler Nichtregierungsorganisationen (INGOs)	135

Tabellenverzeichnis

Tab. 3.1 4 Generationen von Friedensmissionen 67
Tab. 3.2 Laufende Friedensmissionen der Vereinten
         Nationen (Stand: November 2015) 69

1
Einleitung

„Mehr Sicherheit für Fußgänger" (Süddeutsche Zeitung 2015), „EU-Bericht zu Produktsicherheit. Wenn die Puppe giftig ist" (taz.de 2014), „Energiesicherheit der Welt ist nicht gewährleistet" (Die Welt online 2014), „Cyber-Sicherheit. Bitte anschnallen!" (Süddeutsche Zeitung 2014, S. 17), „Sicherheit für die Kunst und ihren Markt" (Die Zeit 2006, S. 54), „Der Hering ist sicher" (Die Zeit 2013, S. 23). Egal welcher Bereich gesellschaftlichen Lebens betroffen ist, ob es zum Beispiel um Gesundheit, Technik oder Verkehr geht, in den Medien und der öffentlichen Debatte kann leicht der Eindruck entstehen, alles drehe sich letztlich um Fragen der Sicherheit. So sollen wir zum Beispiel unsere Computer, Tablets und Smartphones vor Angriffen schützen, uns selbst vor Krankheiten und unsere Kinder vor gefährlichem Spielzeug.

Aber warum beschäftigt sich die Politikwissenschaft mit Sicherheit? Dafür muss es noch mehr Gründe geben als die Tatsache, dass überall von Sicherheit die Rede ist. Es wird ja auch viel über das Wetter geredet und trotzdem ist das Wetter kein Thema der Politikwissenschaft. Die Politikwissenschaft einerseits und Sicherheit andererseits müssen also bestimmte Eigenschaften haben, die dazu führen, dass sich die Politikwissenschaft für Sicherheit interessiert bzw. dass Sicherheit ein für die Politikwissenschaft relevantes Thema ist (Abschn. 1.1).

Wenn aber in vielerlei Hinsicht von Sicherheit die Rede ist, wenn es beispielsweise in der Energiepolitik um Energiesicherheit geht, in der Verbraucherschutzpolitik um Lebensmittel- und Produktsicherheit und in der Verkehrspolitik um Verkehrssicherheit, stellt sich eine weitere Frage: Wie können wir bestimmen, was mit Sicherheit gemeint ist? Wenn es möglich ist, unter Sicherheit viele verschiedene Dinge zu verstehen, dann kann es sein, dass jede[1] darunter etwas anderes versteht. Dies erschwert aber die wissenschaftliche Analyse und den wissenschaftlichen Diskurs über Sicherheit. Daher ist es – wie mit anderen Begriffen auch – notwendig, das jeweilige Verständnis von Sicherheit zu explizieren (Abschn. 1.2). In dieser Einleitung werden zunächst die beiden genannten Fragen (Warum beschäftigt sich die Politikwissenschaft mit Sicherheit? Was versteht die Politikwissenschaft unter Sicherheit?) bearbeitet, bevor die Struktur des Buches (Abschn. 1.3) erläutert wird.

1.1 Warum beschäftigt sich die Politikwissenschaft mit Sicherheit?

Für die Politikwissenschaft spielt das Thema Sicherheit eine zentrale Rolle. Um dies zu verstehen, ist ein Blick auf die Definition dessen, was die Politikwissenschaft als Gegenstand ihrer Beschäftigung betrachtet, d. h. auf die politikwissenschaftliche Definition von Politik, hilfreich. Politik kann verstanden werden als der „gesellschaftliche[.] Teilbereich [...], der für die Gesamtgesellschaft allgemeinverbindlich Entscheidungen trifft" (Hofmann et al. 2007, S. 18). Betrachtet man dann aus einer funktionalen Perspektive die Aufgaben, die Politik für die Gesamtgesellschaft übernimmt, dann ist Sicherheit neben Wohlfahrt und Herrschaft einer der zentralen Bereiche gesellschaftlichen Lebens, in dem Werte autoritativ gesetzt werden (Andrei und Rittberger 2005, S. 840; Czempiel 1981, S. 198).

---

[1] Aus Gründen der Lesefreundlichkeit wird hier und im Folgenden teilweise darauf verzichtet, die weibliche und die männliche Form zu nennen, wobei die jeweils nicht genannte Form jedoch immer mit eingeschlossen ist.

Diese drei Bereiche – Sicherheit, Wohlfahrt, Herrschaft – sind auch in den Internationalen Beziehungen zentral (Rittberger et al. 2010, S. 288). In den Bereich der internationalen Politik fallen solche Akteure, Strukturen, Prozesse und Inhalte, bei denen es um die „staatliche Grenzen überschreitende (Einflussnahme auf die) autoritative Werteverteilung" (Schimmelfennig 2013, S. 21) geht. Aus der Perspektive eines auf physische Gewalt beschränkten engen Sicherheitsverständnisses heraus geht es dabei in erster Linie um bewaffnete Konflikte. Hierzu gehören klassische zwischenstaatliche Konflikte und Fragen der Rüstungs- und Verteidigungspolitik, aber auch Terrorismus und innerstaatliche Konflikte wie Bürgerkriege, sofern sie eine grenzüberschreitende Dimension haben. Dies ist zum Beispiel der Fall, wenn sich ausländische Kämpfer an Bürgerkriegen beteiligen oder Bürgerkriegsparteien aus dem Ausland mit Waffen versorgt werden. Aus der Perspektive eines umfassenden Sicherheitsverständnisses können darüber hinaus zum Beispiel auch Ressourcenknappheit und Infektionskrankheiten sicherheitsrelevante Probleme der internationalen Politik sein.

Im Unterschied zum nationalen Kontext steht internationale Politik vor der Herausforderung, Sicherheit „unter den Bedingungen der Anarchie erbringen zu müssen [...] [wobei] die Probleme in der Regel nicht nur größer, sondern auch schwerer zu bearbeiten und zu lösen [sind]" (Schimmelfennig 2013, S. 28). Anarchie im internationalen System meint, dass es keine über den Staaten stehende Regelungsinstanz gibt, der sich die Staaten unterordnen müssen. Es gibt also keine Weltregierung, die für alle verbindliche Regeln setzt und diese auch durchsetzen kann. Auf nationaler Ebene hingegen existiert Hierarchie, im Sinne dass der Staat über das Gewaltmonopol verfügt und – zum Beispiel durch Gesetze – Regeln setzen und diese mittels seines bürokratischen und Strafverfolgungsapparates durchsetzen und im Zuge dessen Regelverstöße sanktionieren kann. Wer zum Beispiel in eine Wohnung einbricht, einen Überfall oder einen Mord begeht, muss damit rechnen, von der Polizei verhaftet und der Justiz angeklagt und verurteilt zu werden. Auf staatlicher Ebene kann die Regierung bei unterschiedlichen Positionen auch Entscheidungen herbeiführen, die für alle Beteiligten bindend sind. Mit Blick auf die Energieversorgung zum Beispiel hat die Bundesregierung den Ausstieg aus der Kernenergie bis zum Jahr 2022 beschlossen. Auf internationaler Ebene gibt es jedoch keine über den Staaten stehende Institution, die beispielsweise festlegt, dass Staaten für die Stilllegung eines alten Atomkraftwerkes finanzielle Unterstützung beim Ausbau erneuerbarer Energien erhalten. Zwar ist die internationale Ebene nicht regelfrei, aber die Staaten müssen sich selbst auf die Regeln verständigen. Die zahlreichen Klimakonferenzen der letzten Jahre zeigen, dass dies nicht immer einfach ist. Bevor es auf der Konferenz in Paris im Dezember 2015 gelang, einen Nachfolgevertrag für das Kyotoprotokoll zu verabschieden, waren zahlreiche entsprechende Versuche gescheitert, weil sich die Staaten nicht einigen konnten.

Die Unterscheidung zwischen Hierarchie auf nationaler Ebene und Anarchie im internationalen System ist jedoch idealtypisch, denn einerseits gibt es schwache oder gar zerfallene Staaten, zum Beispiel Somalia, die über kein Gewaltmonopol verfügen. Andererseits finden sich im internationalen System hierarchische Elemente, zum Beispiel der Sicherheitsrat der Vereinten Nationen (VN) (s. Abb. 1.1), der eine militärische Intervention in einem Staat auch ohne dessen Zustimmung autorisieren kann, oder der Internationale Strafgerichtshof (IStGH), der auch amtierende Politiker wegen Völkermord, Verbrechen gegen die Menschlichkeit oder Kriegsverbrechen anklagen kann. Dennoch existiert auf internationaler Ebene kein Gewaltmonopol, gibt es keine Weltregierung und kein von Staaten unabhängiges internationales Militär. Daher bedarf es auch in diesen Fällen der Staaten, um entsprechende Entscheidungen auszuführen oder gar – mit Blick auf den Sicherheitsrat – um sie herbeizuführen.

1 Einleitung 5

Abb. 1.1 Sicherheitsrat der Vereinten Nationen. Sitzung des Sicherheitsrates der Vereinten Nationen zur Friedenskonsolidierung in Westafrika, Januar 2016. (© NICA ID: 659880: UN Photo/Evan Schneider)

So entscheiden im Sicherheitsrat die (Vertreter der) dort vertretenen Staaten. Auch hat der Sicherheitsrat keine eigenen militärischen Truppen, um eine Intervention durchzuführen, sondern hierzu bedarf es der Staaten. Entsprechend setzen sich die Blauhelmtruppen der VN aus von den Mitgliedsstaaten entsandten Personen und Gruppen zusammen und auch die im Rahmen von VN-Missionen eingesetzten Waffen werden von Staaten gestellt. Der IStGH kann zwar auf eigene Initiative tätig werden, Anklage erheben und Urteile fällen, aber um sie zu vollstrecken, ist das Gericht auf die Mithilfe von Staaten angewiesen. Insgesamt ist in einem anarchischen System nach wie vor primär jeder Staat selbst für seine Sicherheit und die seiner Staatsbürger zuständig.

Weshalb aber sind Sicherheitsprobleme unter den Bedingungen der Anarchie besonders schwierig zu bearbeiten und zu lösen? Zunächst ist die Wirksamkeit einzelstaatlicher Handlungen zur

Gewährleistung von Sicherheit begrenzt. Ein Grund hierfür sind grenzüberschreitende Phänomene wie organisierte Kriminalität, Terrorismus, Infektionskrankheiten oder Klimawandel. Staaten sind zum Beispiel darauf angewiesen, dass andere Staaten potentielle Terroristen nicht ausreisen lassen, wie wir am Beispiel potentieller Unterstützer des Islamischen Staates sehen, oder für den Export bestimmte Lebensmittel kontrollieren, wie das Beispiel Rinderwahn/BSE gezeigt hat. Folglich bedarf es einer gewissen Kooperation zwischen den Staaten.

> **Beispiel EHEC: „gefährliche Gurken"**
>
> In Deutschland, vor allem in Norddeutschland, kam es zwischen Mai und Juli 2011 zu zahlreichen, teilweise tödlich verlaufenden, Infektionen durch Enterohämorrhagische Escherichia coli (EHEC). Die Quelle hierfür wurde zunächst auf spanischem Gemüse, vor allem auf Gurken, vermutet, was sich jedoch später als Irrtum herausstellte. Doch aufgrund von Warnungen vor dem Verzehr von rohem Gemüse, vor allem von Gurken, Tomaten und Blattsalaten, die auch von der EU ausgesprochen wurden, sank die Nachfrage nach diesen Produkten. Dieses Beispiel zeigt, dass auch andere Phänomene als physische Gewalt, nämlich Gemüse, und damit verbundene Infektionskrankheiten als Sicherheitsproblem verstanden werden können. So titelte die Süddeutsche Zeitung online „Gefährliches Gemüse" (Berndt und Kuhr 2011) und Spiegel online warf dem damaligen Bundesgesundheitsminister Daniel Bahr vor, er „jag[e] erfolglos nach dem Feind im Essen" (Gathmann und Reimann 2011). Durch die Vermutung, spanische Gurken seien der Ursprung der in Deutschland aufgetretenen Krankheit, bekam dieses „Sicherheitsproblem" eine grenzüberschreitende Dimension; sogar die EU schaltete sich ein. Auch die Folgen waren grenzüberschreitend, jedoch nicht nur auf Sicherheitsaspekte bezogen, sondern hatten auch eine wirtschaftliche Dimension, denn Landwirte in ganz Europa hatten mit Umsatzausfällen zu kämpfen.

Doch Kooperationen schränken den Handlungsspielraum der Staaten wiederum ein, denn durch internationale Vereinbarungen binden sich Staaten in der Wahl ihrer sicherheitspolitischen Instrumente. Zum Beispiel haben zwar viele Staaten durch die Ratifizierung der so genannten Ottawa-Konvention dem Verbot der Herstellung, Lagerung und des Einsatzes von Antipersonenminen zugestimmt, doch bedeutende Staaten wie die USA sind dem Abkommen bisher nicht beigetreten, weil sie der Ansicht sind, dass der Einsatz dieser Minen in Einzelfällen notwendig sein kann (US-Regierung 2014). Auch erkennen nicht alle Staaten internationale Organisationen als legitime Institutionen an, was deren Handeln und Wirksamkeit einschränkt. So hat der IStGH zwar Haftbefehle gegen den sudanesischen Präsidenten Omar Al-Bashir wegen Kriegsverbrechen, Verbrechen gegen die Menschlichkeit und Völkermord beschlossen, doch verfügt das Gericht nicht über die Möglichkeiten, diese auch zu vollstrecken. Dies können nur Staaten, zum Beispiel wenn sich der Gesuchte auf ihrem Territorium befindet. Bislang haben die Staaten, in die Al-Bashir gereist ist, ihn jedoch nicht festgenommen, so dass der IStGH die Ermittlungen sogar zweitweise ausgesetzt hatte (Süddeutsche Zeitung online 2015).

Das Beispiel des Atomwaffensperrvertrages zeigt nicht nur, dass internationale Kooperation im Sicherheitsbereich notwendig, sondern auch selbst konfliktbehaftet ist. Die Unterzeichnerstaaten des Vertrages haben sich zwar verpflichtet, ihre kerntechnischen Anlagen von Inspektoren der Internationalen Atomenergiebehörde (IAEA) kontrollieren zu lassen, doch beispielsweise die Verhandlungen zwischen China, Deutschland, Frankreich, Großbritannien, Russland, USA einerseits und dem Iran andererseits über das iranische Atomprogramm haben gezeigt, dass zwischen den Staaten über den Zugang von Inspektoren zu entsprechenden Anlagen gestritten wird.

Sicherheit in der internationalen Politik ist also ein sehr komplexes Thema, das nicht nur Staaten, sondern auch nichtstaatliche Sicherheitsakteure wie Terroristen und internationale Regierungsorganisationen wie die VN oder die IAEA sowie vielfältige grenzüberschreitende Gefahren umfasst. Dabei ändern sich über Zeit sowohl die relevanten Sicherheitsakteure und ihre Rollen als auch das, was von diesen Akteuren als Sicherheitsgefahr eingestuft wird. War während des Kalten Krieges die Annahme weit verbreitet, dass die größte Bedrohung vom jeweiligen Klassenfeind und dessen Militär ausgehe, so wird inzwischen der Terrorismus, vor allem der islamistische, als erhebliche Bedrohung eingestuft. Während militärische Verteidigungsbündnisse aus der Zeit des Kalten Krieges, wie der Warschauer Pakt und die Westeuropäische Union (WEU), heute nicht mehr existieren, spielen andere Sicherheitsakteure, zum Beispiel private Sicherheits- und Militärfirmen, in einigen bewaffneten Konflikten eine wichtige Rolle.

Die politikwissenschaftliche Teildisziplin der Internationalen Beziehungen (IB) fragt also danach, wie Sicherheit unter Bedingungen der Anarchie im internationalen System bereitgestellt werden kann. Hierzu sucht sie die sicherheitsrelevanten Akteure, Strukturen, Prozesse und Inhalte sowie deren Zusammenspiel im internationalen System zu verstehen und zu erklären. Sie untersucht zum Beispiel wie Staaten (Akteure) neue Sicherheitsstrategien entwickeln (Prozess) und mit diesen Sicherheitsstrategien (Inhalt) auf neue Bedrohungen (Struktur & Prozess) reagieren und ob und wenn ja wie internationale Regierungsorganisationen (Struktur & Akteur) den Verlauf von Konflikten (Prozess) beeinflussen können. Welche Akteure, Strukturen, Prozesse und Inhalte als relevant angesehen werden, welche Interessen den Akteuren zugeschrieben werden und welche Logiken ihrem Handeln zugrunde gelegt werden, hängt nicht zuletzt von der theoretischen Perspektive ab. So bieten unterschiedliche Theorien der Internationalen Beziehungen unterschiedliche Erklärungen für einzelne Phänomene an, zum Beispiel für die Entstehung und den Wandel militärischer Bündnisse wie der NATO. Dazu muss jedoch erst einmal geklärt werden, was unter Sicherheit verstanden werden kann.

1.2 Unterschiedliche Dimensionen von Sicherheit

Sicherheit kann ein politisches Programm und/oder Ziel sein, ein Politikfeld darstellen oder ein Forschungsprogramm bezeichnen (Haftendorn 1991, S. 3). Doch gleich ob wir Sicherheit aus politischer oder aus politikwissenschaftlicher Perspektive betrachten, müssen wir zunächst bestimmen, was wir damit meinen, denn Sicherheit kann unterschiedlich definiert werden. Somit wird Sicherheit auch oft als ein „essentially contested concept" (Gallie 1956; siehe auch Williams 2008, S. 1) bezeichnet. Daher ist es mittlerweile in der Literatur üblich, sich Sicherheit anzunähern, indem einzelne Dimensionen von Sicherheit bestimmt werden (z. B. Daase 2009). Dies geschieht häufig unter Rückgriff auf folgende Fragen (Baldwin 1997; Williams 2008): Sicherheit für wen oder was? Sicherheit vor was? Sicherheit mit welchen Mitteln? Die Antworten auf diese Fragen können jedoch unterschiedlich ausfallen und verändern sich über Zeit und Raum.

1.2.1 Sicherheit für wen oder was?

Diese Frage bezieht sich einerseits auf das Referenzobjekt und wird von Christopher Daase daher als „Referenzdimension" bezeichnet (Daase 2009, S. 138). Die kleinste Einheit, in der wir Sicherheit dabei denken können, ist das Individuum. Sicherheit kann sich zudem auf bestimmte Gruppen, wie zum Beispiel Minderheiten, Kinder oder Flüchtlinge beziehen. Des Weiteren können wir uns Sicherheit auch für politische Einheiten wie Staaten oder Staatenverbünde, beispielsweise die Europäische Union (EU) vorstellen. Dies deutet bereits darauf hin, dass die Frage *Sicherheit für wen oder was?* auch mit Blick auf die „Raumdimension" (Daase 2009, S. 138) beantwortet werden kann. Sicherheit kann sich auf die nationale, regionale, internationale und globale

Ebene beziehen (Haftendorn 1991; Daase 2009). Sowohl in der politischen Praxis der internationalen Beziehungen als auch der wissenschaftlichen Auseinandersetzung damit war zunächst der Staat die Referenzdimension, doch in den letzten Jahren ist zunehmend auch das Individuum in den Fokus gerückt. Sicherheit kann aber nicht nur für bestimmte Akteure gedacht werden, sondern Sicherheit kann sich auch auf den Schutz bestimmter Werte beziehen, zum Beispiel territoriale Integrität oder persönliche Autonomie (Baldwin 1997, S. 13 f.). Damit verbunden ist die Frage danach, wovor Sicherheit gewährleistet werden soll.

1.2.2 Sicherheit vor was?

Diese Frage bezieht sich einerseits auf die „Gefahrendimension" (Daase 2009, S. 138). Eine Gefahr, vor der geschützt werden soll, kann als Bedrohung oder als Risiko verstanden werden. Im Vergleich zu Bedrohungen, die konkret benannt werden können, sind Risiken diffuser. Während des Kalten Krieges sahen sowohl das westliche als auch das östliche Lager den jeweils anderen und dessen militärisches Potential als Bedrohung für die eigene Sicherheit an. Es war möglich, den Akteur, von dem die Bedrohung ausging, annähernd genau zu benennen und den Umfang der Bedrohung und den daraus entstehenden Schaden auf Basis der (vermuteten) militärischen Schlagkraft des Gegners zu bestimmen. Im Falle von Sicherheits*risiken* ist die Informationslage jedoch ungenauer, weil die Kapazitäten des Gegners – so dieser denn überhaupt bestimmt werden kann – und seine Möglichkeiten, diese auch zu nutzen, nur vermutet werden können. So ist es zum Beispiel bei Angriffen auf softwaregestützte Infrastruktur schwierig zu bestimmen, wovon bzw. von wem genau das Risiko ausgeht und wie hoch es ist. Auf das Computernetz des Bundestages werden regelmäßig Angriffe von außen verübt, doch deren Ursprung und Umfang kann immer erst hinterher – wenn überhaupt – eindeutig festgestellt werden (Zeit online 2015). Des Weiteren ist es im Falle von Risiken schwierig zu bestimmen „wann ein Risiko so groß ist, dass sicherheitspolitische Maßnahmen ergriffen werden müssen. Denn Risikoanalysen können Ungewissheit nie ganz ausräumen, so dass für politische Interpretation und Manipulation ein großer Spielraum bleibt" (Daase 2009, S. 149). Andererseits bezieht sich die Frage nach den Gefahren auf die „Sachdimension" (Daase 2009, S. 138). Bedrohungen und Risiken können militärischer, ökonomischer, ökologischer oder humanitärer Natur sein (Daase 2009, S. 138). Abhängig davon, für wen und was Sicherheit vor welcher Art von Gefahr hergestellt werden soll, ist die Frage nach den Mitteln hierfür zu beantworten.

1.2.3 Sicherheit mit welchen Mitteln?

Auch diese Frage bezieht sich auf die „Sachdimension", denn Sicherheit kann mit militärischen, ökonomischen, ökologischen und/oder humanitären Mitteln angestrebt werden (Daase 2009, S. 138). Die Wahl der Mittel ist, wie gesagt, unter anderem davon abhängig, welcher Art die Gefahren sind und für wen und was Sicherheit wo bereit gestellt werden soll. Die Wahl der Mittel hängt auch davon ab, welche Kosten die Akteure bereit sind zu tragen (Baldwin 1997, S. 16). Damit sind nicht nur materielle Kosten für zum Beispiel Verteidigungshaushalte, Überwachungsanlagen oder private Sicherheitsfirmen gemeint, sondern auch solche, die durch Ziel- und Normkonflikte entstehen können (Baldwin 1997, S. 16). Ein zentraler Konflikt ist der zwischen Sicherheit und Freiheit, wie sich zum Beispiel mit Blick auf die Diskussionen über Vorratsdatenspeicherung, Fluggastdaten oder Sicherheitsverwahrung für Straftäter zeigt.

Die Antwort auf die Frage nach den Mitteln ist auch vom Zeithorizont abhängig (Baldwin 1997, S. 17). Sicherheitspolitische Mittel, die kurzfristig für Sicherheit sorgen sollen, sind nicht unbedingt identisch mit solchen, mittels derer langfristig Sicherheit erreicht werden soll. So kann zum Beispiel die Bewachung von Hilfsgütern in Konfliktgebieten kurzfristig für Sicherheit vor Angriffen sorgen, stellt aber keinen langfristigen Schutz dar, weil dadurch die Ursachen für Unsicherheit nicht angegangen oder gar behoben werden. Unter Umständen kann die Bewachung von Hilfsgütern gar zu Unsicherheit führen, wenn bei den lokalen Konfliktparteien aufgrund der Bewachung der Eindruck entsteht, die Hilfsorganisationen, die die Güter verteilen, seien Teil einer militärischen Intervention und nicht von dieser unabhängig. Des Weiteren ist für die Wahl der Mittel auch entscheidend, wie viel Sicherheit bereitgestellt bzw. erzeugt werden soll (Baldwin 1997, S. 14 f.), wobei absolute Sicherheit nicht möglich ist.

Die Diskussion der Fragen zeigt, dass die Antworten hierauf und die entsprechenden Dimensionen von Sicherheit teilweise interdependent sind und daher nicht unbedingt unabhängig voneinander gestellt und beantwortet werden können. Auch wurden und werden diese Fragen in der Politik und in der Politikwissenschaft unterschiedlich beantwortet. Die politischen Antworten sind abhängig vom politischen, historischen, ökonomischen und gesellschaftlichen Kontext und die politikwissenschaftlichen Antworten darüber hinaus von den theoretischen Prämissen.

1.3 Struktur des Buches

Diesen Überlegungen folgt auch die Struktur des Buches. Die oben ausformulierten Fragen dienen als Leitlinien für die folgende Darstellung unterschiedlicher theoretischer Perspektiven auf Sicherheit (Kap. 2). Diese können hier nicht in aller Ausführlichkeit betrachtet werden – hierzu empfiehlt sich ein Blick in die entsprechenden Lehrbücher zu den Theorien der Internationalen Beziehungen – doch sollen die zentralen Grundannahmen einzelner Theorien zu Sicherheit erörtert werden. In den Kap. 3 bis 5 werden aktuelle Entwicklungen bei der Herstellung von Sicherheit diskutiert. Dabei wird auf die oben erläuterten unterschiedlichen Dimensionen von Sicherheit sowie die in Kap. 2 vorgestellten unterschiedlichen theoretischen Perspektiven auf Sicherheit zurückgegriffen. Der Rückgriff insbesondere auf die Theorien ist notwendig, um die Rolle von Sicherheitsakteuren wie den Vereinten Nationen (Kap. 3), Nichtregierungsorganisationen (NGOs) oder privaten Sicherheits- und Militärfirmen (PSMFs) (Kap. 5) sowie von Strukturen, wie zum Beispiel Normen (Kap. 4), zu erklären und zu bewerten.

Diese Auswahl der Akteure und Strukturen mag auf den ersten Blick verwundern, da sie nur zum Teil den „üblichen Verdächtigen", die in Büchern zum Thema Sicherheit besprochen werden, entspricht. Während die Vereinten Nationen und auch immer häufiger PSMFs in entsprechenden Lehrbüchern Berücksichtigung finden, werden NGOs weitaus seltener als Sicherheitsakteure behandelt. Doch „NGOs are and will continue to be an important element in the governance of peace and security issues" (de Jonge Oudraat und Haufler 2008, S. 7). Mit Blick auf Strukturen werden oftmals insbesondere – auch aufgrund der staatszentrierten Tradition der Sicherheitsforschung – Regime betrachtet und seltener Normen. Doch mit Ausweitung der Referenz-, Gefahren- und Sachdimension (Daase 2009, S. 138) rücken Normen stärker in den Fokus.

Neben inhaltlichem Wissen zum Thema internationale Sicherheit soll deutlich gemacht werden, dass sowohl die Begriffsbestimmung bzw. das Sicherheitsverständnis als auch der theoretische Zugriff Auswirkungen auf die Analyse von Sicherheit haben, zum Beispiel auf die Auswahl der zu untersuchenden Fälle. Für Studierende der Politikwissenschaft stellen sich nicht nur die Fragen, was Sicherheit ist (ontologische Dimension) und was wir über Sicherheit wissen können (epistemologische Dimension), sondern auch, wie wir an dieses Wissen gelangen können (methodologische Dimension). Wie können wir also „Sicherheit" studieren? Diese Frage befasst sich mit den Methoden, mit denen wir unsere Fragestellungen bearbeiten können und der reflektierten Anwendung der Methode. Die Wahl einer Methode und deren Anwendung hängt vor allem von der jeweiligen Fragestellung und der eingenommenen theoretischen Perspektive auf Sicherheit ab. So erfordert die Frage, welchen Einfluss innerstaatliche Faktoren, zum Beispiel die öffentliche Meinung oder die Beziehung zwischen Exekutive und Legislative, auf die Beteiligung von demokratischen Staaten an bewaffneten Konflikten haben (Mello 2014), andere Methoden und ein anderes methodisches Vorgehen als die Frage, wie Sicherheitsbedrohungen in politischen Diskursen konstruiert werden. In einem einführenden Lehrbuch zu Sicherheit in den Internationalen Beziehungen kann dies nicht ausführlich behandelt werden, daher sei am Ende dieser Einleitung auf relevante Literatur zum Thema verwiesen.

Anders als in den USA oder Großbritannien, wo Security Studies respektive Strategic Studies eigene Studienfächer sind, werden Sicherheitsstudien an deutschen Universitäten in der Regel nicht als eigenständige Studiengänge angeboten, sondern sind als Teilbereich der politikwissenschaftlichen Teildisziplinen Internationale Beziehungen und Friedens- und Konfliktforschung Bestandteil politikwissenschaftlicher Studiengänge.

Einführungswerke zu (Theorien der) Internationalen Beziehungen

> Gert Krell. 2009. *Weltbilder und Weltordnung. Einführung in die Theorie der Internationalen Beziehungen*. 4. überarbeitete und aktualisierte Auflage. Baden-Baden: Nomos.

Dieses einführende Lehrbuch erörtert zunächst den Gegenstands- und Problembereich der Politikwissenschaft im Allgemeinen und der Internationalen Beziehungen im Speziellen, bevor einzelne Theorien der Internationalen Beziehungen erläutert und diskutiert werden. Das Buch ist sehr gut geschrieben, arbeitet mit vielen konkreten Beispielen und stellt die wichtigsten Annahmen der einzelnen Theorien in tabellarischen Übersichten komprimiert dar, so dass es auch für Studierende, die erst am Anfang ihres Studiums stehen, gut verständlich sein sollte. Am Ende eines jeden Kapitels werden zudem die wichtigsten Punkte kurz zusammengefasst und es werden Diskussionsfragen formuliert, die zur eigenständigen Auseinandersetzung mit dem Thema anregen.

> Frank Schimmelfennig. 2013. *Internationale Politik*. 3. aktualisierte Auflage. Paderborn: Schöningh.

Zu Beginn dieses Lehrbuches werden die einzelnen Bausteine von Theorien der Internationalen Beziehungen (Akteure, Strukturen, Prozesse, Dynamiken) erläutert. Danach werden einzelne Theorien anhand dieser Bausteine systematisch dargestellt und mittels einzelner Problemfelder wie Sicherheit, Wirtschaft, Menschenrechte illustriert und diskutiert. Auch dieses Lehrbuch ist sehr gut geschrieben und liefert durch viele tabellarische Übersichten und Stichworte an den Seitenrändern einen sehr guten Überblick, auch für Studierende, die erst am Anfang des Studiums stehen.

> Baylis, Steve Smith und Patricia Owens (Hrsg.) (2013): *The Globalization of World Politics. An introduction to international relations.* 6. Auflage. Oxford: Oxford University Press.

Dieses Buch eignet sich sowohl als Einstieg in die Beschäftigung mit den Internationalen Beziehungen als auch im weiteren Verlauf des Studiums, da es nicht nur die wichtigsten Punkte zu zentralen Theorien, Akteuren, Strukturen und Prozessen erläutert, sondern auch den Stand der Forschung inklusive relevanter Debatten wiedergibt. Des Weiteren werden anhand zahlreicher in

Kästen hervorgehobener Fallbeispiele die besprochenen Sachverhalte gut illustriert. Insgesamt sind die Inhalte des Buches gut und zugänglich dargestellt, insbesondere durch die Abhebung historischer Ereignisse, Chronologien sowie der zentralen Punkte eines jeden Abschnittes in einzelnen Kästen.

Einführungswerke zum Thema Internationale Sicherheit

> Sebastian Enskat und Carlo Masala (Hrsg.). 2014. *Internationale Sicherheit. Eine Einführung.* Wiesbaden: Springer VS.

Dieses einführende Buch behandelt zentrale Konzepte (z. B. Krieg), Problemfelder (z. B. Rüstung und Rüstungskontrolle) und Institutionen (z. B. Allianzen) in einer auch für Studierende, die gerade erst beginnen, sich mit dem Thema zu beschäftigen, gut verständlichen Art und Weise. Dabei werden die jeweils zentralen Begriffe definiert und unterschiedliche Theorien und Denkansätze komprimiert und leicht zugänglich dargestellt. Das Lehrbuch umfasst ferner Lernkontrollfragen sowie Fragen zum Transfer, die zu einer eigenständigen kritischen Auseinandersetzung mit dem Thema anregen sollen. Darüber hinaus umfasst das Buch Literaturempfehlungen zu einzelnen Fragen und Problemen.

> Lee Jarvis und Jack Holland. 2015. *Security. A Critical Introduction.* London und New York: Palgrave Macmillan.

Im Unterschied zu vielen anderen einführenden Lehrbüchern zum Thema Internationale Sicherheit verfolgen die Autoren dieses Buches keine theoriebasierte, sondern eine problemorientierte Herangehensweise, die sich an Debatten über Sicherheit als Konzept orientiert. Sie fragen demnach zum Beispiel danach, wie bestimmt werden kann, was als eine Bedrohung gilt und welche aktuellen Sicherheitsbedrohungen existieren. Das Buch ist vor allem aufgrund der zusammenfassenden Darstellung der zentralen Punkte eines jeden Unterkapitels und einzelner Fallbeispiele in Kästen sehr zugänglich.

Einführungswerk in Methoden zur Analyse Internationaler Sicherheit

Shepherd, Laura (Hrsg.). 2013. *Critical Approaches to Security: An Introduction to Theories and Methods*. Routledge.

Dieses Buch gibt einen sehr guten Überblick über verschiedene neuere theoretische Zugriffe auf Sicherheit (z. B. feministische, postkoloniale und poststrukturalistische Ansätze) und diskutiert vor diesem Hintergrund unterschiedliche Methoden: u. a. Interviews, teilnehmende Beobachtung und Netzwerkanalyse. Die Methoden werden jeweils anhand konkreter Beispiele diskutiert und für jedes Kapitel werden Lernziele genannt.

2
Theoretische Perspektiven auf Sicherheit

Die politikwissenschaftliche Auseinandersetzung mit Sicherheit fällt je nach zugrunde gelegten theoretischen Annahmen unterschiedlich aus. Dies bedeutet, dass die Antworten auf die eingangs formulierten Fragen (*Sicherheit für wen oder was? Sicherheit vor was? Sicherheit mit welchen Mitteln?*) davon abhängen, aus welcher theoretischen Perspektive sie gestellt und beantwortet werden. Unterschiedliche Theorien lassen uns unterschiedliche Aussagen zu Sicherheit formulieren, weil sie unterschiedliche Annahmen zu den relevanten Akteuren und den ihrem Handeln zugrunde liegenden Logiken, zur Struktur des internationalen Systems und zu relevanten Prozessen machen (Schimmelfennig 2013). Die Antworten auf die genannten Fragen fallen nicht nur inhaltlich verschieden aus, sondern unterscheiden sich auch in ihren Ansprüchen. Während es aus Perspektive einiger Theorien vor allem darum geht, das Handeln von Akteuren zu erklären, geht es aus der Perspektive anderer Theorien darum, Machtverhältnisse zu hinterfragen und zu deren Veränderung beizutragen.

In diesem Kapitel sollen folgende Fragen beantwortet werden:

- Welchen Stellenwert hat Sicherheit in den einzelnen Theorien?
- Wie lassen sich aus Perspektive der einzelnen Theorien die Fragen *Sicherheit für wen oder was? Sicherheit vor was? Sicherheit mit welchen Mitteln?* beantworten?

In den IB gibt es jedoch nicht *die* eine Theorie des zum Beispiel Realismus, Liberalismus oder Konstruktivismus, sondern jeweils unterschiedliche Ausprägungen. Es empfiehlt sich daher, von Theorieschulen oder „Weltbildern" (Krell 2004) zu sprechen. Oft findet sich die Unterscheidung zwischen Theorien unterschiedlicher Reichweite, zum Beispiel zwischen Großtheorien wie dem Realismus, dem Liberalismus oder Konstruktivismus und Bereichstheorien wie Integrationstheorien (Krell 2004, S. 35).[1] Hilfreicher für eine theoriegeleitete Analyse von Sicherheit scheint hier jedoch eine Unterscheidung, die Steve Smith in seinem mit Tim Dunne und Milja Kurki herausgegebenen Lehrbuch zu Theorien der Internationalen Beziehungen vornimmt und die sich auf die Funktionalität von Theorien mit Blick auf die politische Praxis bezieht (Smith 2010, S. 9). Er unterscheidet zwischen drei Sorten von Theorien:

(1) Theorien, die eine Art Werkzeugkasten darstellen, deren Anwendung auf die Empirie es ermöglichen soll, die Welt besser zu verstehen. Hierzu gehören die im Folgenden vorgestellten Theorieschulen des Realismus, Liberalismus und Institutionalismus.
(2) Theorien, denen es vor allem darum geht zu thematisieren, was als zentrale Untersuchungsgegenstände der Internationalen Beziehungen zu verstehen ist. Hierzu zählen die im Folgenden besprochenen Theorien des Konstruktivismus und Feminismus und in gewisser Weise auch Governance-Ansätze.
(3) Theorien, denen es primär darum geht, die bestehende Ordnung zu kritisieren und Wege zur Emanzipation des Individuums aufzuzeigen. Hierzu gehören die im weiteren Verlauf vorgestellten Ansätze der so genannten critical security studies.

---

[1] Dabei gibt es unterschiedliche Auffassungen darüber, welche der IB-Theorien zu Großtheorien zu zählen sind.

Im Folgenden werden wesentliche Annahmen der genannten Theorieschulen und Ansätze zusammengefasst – wobei aus Gründen der Komplexitätsreduktion auch vereinfacht werden muss – und es wird erläutert, wie auf Basis dieser Annahmen die einzelnen Fragen beantwortet werden können. Dabei ist immer zu bedenken, dass die Theorien einerseits in einem spezifischen historischen Kontext entstanden sind und andererseits bestimmte ideengeschichtliche Wurzeln haben. Einzelne theoretische Ansätze schließen sich auch nicht unbedingt gegenseitig aus. So können zum Beispiel feministische Zugriffe auf Sicherheit konstruktivistisch sein und die IB-Theorieschule des Feminismus kann einen emanzipatorischen Anspruch haben. Die hier getroffene Auswahl an theoretischen Zugriffen auf Sicherheit ist auch nicht erschöpfend.

2.1 Realismus

Der Realismus gilt als die älteste und war bis in die 1970er-Jahre hinein die dominante Denkschule in den IB. Er entstand nach und als Reaktion auf den Zweiten Weltkrieg. Mit Blick auf die politikwissenschaftliche Forschung zu Sicherheit kommt der realistischen Theorieschule eine große Bedeutung zu, weil Fragen von Sicherheit, Krieg und Frieden darin eine zentrale Rolle spielen und weil später entstandene Denkschulen und die darin formulierten Annahmen zu Sicherheit oftmals in Abgrenzung zu den entsprechenden Annahmen des Realismus formuliert wurden.

Wir können zwei grundlegende Formen des Realismus unterscheiden: den so genannten klassischen Realismus einerseits und den Neorealismus oder strukturellen Realismus andererseits. Ersterer war etwa seit dem Ende des Zweiten Weltkrieges bis in die 1960er-Jahre die dominante Theorieschule und wurde insbesondere von Hans Morgenthaus Werk *Politics Among Nations* (*Macht und Frieden: Grundlegung einer Theorie der internationalen Politik*) inspiriert, das zum ersten Mal 1948 erschien (Morgenthau 1948). Dieses wurde ab 1979 als Standardwerk der realistischen Theorieschule von Kenneth Waltz' *Theory of International Politics* (Waltz 1979) abgelöst, der damit die strukturelle Variante des Realismus, auch Neorealismus genannt, begründete. Während im klassischen Realismus Morgenthauscher Prägung Geschehnisse auf internationaler Ebene und somit auch Krieg und Frieden mit der nationalstaatlichen Ebene erläutert werden, führt der Neorealismus Krieg auf die strukturelle Beschaffenheit des internationalen Systems zurück.

Zunächst aber zu den Gemeinsamkeiten der beiden Hauptstränge des Realismus: Sowohl der klassische Realismus, als auch der Neorealismus gehen davon aus, dass Nationalstaaten *die* zentralen Akteure der internationalen Beziehungen sind. Entsprechend muss die Frage *Sicherheit für wen?* aus realistischer Perspektive mit *Sicherheit für den Staat* beantwortet werden. Zugleich stellen Staaten auch die zentralen Bedrohungen dar, so dass die Frage *Sicherheit vor was?* mit *Sicherheit vor anderen Staaten* beantwortet werden muss. Aus Perspektive der realistischen Theorieschule steht also die nationale Sicherheit im Vordergrund. Staaten sind sowohl nach außen souverän, insofern sie von anderen Staaten als solche anerkannt werden, als auch nach innen, insofern sie das staatliche Gewaltmonopol gegenüber ihrem Staatsvolk ausüben und sich andere Staaten nicht in ihre internen Angelegenheiten einmischen. Weiterhin wird davon ausgegangen, dass Staaten zweckrational handeln, indem sie die Kosten und Nutzen ihres Handelns berechnen und bestrebt sind, ihren Nutzen (meist im Verhältnis zu anderen Staaten) zu maximieren. Staaten, so die Sichtweise der realistischen Denkschule, streben nach Macht, genauer nach militärischer Macht und diese Macht soll Sicherheit gewährleisten. Die Frage *Sicherheit mit welchen Mitteln?* wird also zunächst mit *militärischen Mitteln* beantwortet.

In der Begründung des Machtstrebens unterscheiden sich der klassische und der strukturelle Realismus jedoch. Im Ersteren wird das Machtstreben mit dem Wesen des Menschen begründet, das auf Staaten übertragen wird. Stabilität und Frieden auf internationaler Ebene können mittels des sittsamen Gebrauchs von Macht und einem (auch daraus resultierenden) Gleichgewicht der Mächte entstehen (Morgenthau 1963). Im Neorealismus wird das Machtstreben der Staaten hingegen strukturell begründet, mit den Gegebenheiten des internationalen Systems (Waltz 1979). Dieses ist anarchisch, was bedeutet, dass keine über den Staaten stehende Instanz zur Regelung von Konflikten und zur Sanktion existiert. Entsprechend kann niemand außer den Staaten selbst für deren Sicherheit garantieren. Daher wird das internationale System auch als ein *Selbsthilfesystem* bezeichnet. Die Staaten müssen sich selbst helfen, um ihre Sicherheit zu gewährleisten. Sie können nicht auf andere Staaten und deren Beistand vertrauen. Macht ist im Neorealismus nur ein Mittel, um Sicherheit zu erlangen. Um die Sicherheit eines Staates zu bewerten, werden dessen Machtmittel im Vergleich zu den Machtmitteln anderer Staaten betrachtet. Macht und Sicherheit sind also relativ.

Die Sicherheit eines Staates ist aus Perspektive des Neorealismus in einem anarchischen System dauerhaft gefährdet, weil immer einzelne Staaten zur Gewaltanwendung bereit sind. Da die Sicherheit des eigenen Staates, d. h. sein Überleben, aber Voraussetzung für die Realisierung aller anderen politischen Ziele ist, seien sie zum Beispiel wirtschaftlicher oder sozialpolitischer Art, ist Sicherheit das vorrangige Ziel aller Staaten. Sicherheit wird daher auch als „high politics" bezeichnet, im Unterschied zu anderen Politikbereichen, die als „low politics" gelten. In ihrer Souveränität nach innen und außen und ihrem Sicherheitsstreben sind alle Staaten gleich, weshalb sie auch als „like units" bezeichnet werden. Aber Staaten sind unterschiedlich ausgestattet, um nach Sicherheit zu streben. Sie haben nicht nur unterschiedliche militärische Ressourcen, sondern unterscheiden sich auch hinsichtlich anderer Ressourcen, zum Beispiel mit Blick auf ihre Wirtschaftskraft. Staaten werden jedoch als so genannte *unitary actors* aufgefasst, d. h. als einheitliche Akteure, die einheitlich handeln und mit einer Stimme sprechen, egal durch wen sie vertreten werden.

Grundsätzlich haben Staaten unterschiedliche Möglichkeiten, Sicherheit zu gewährleisten. Sie können ihre eigenen Machtmittel steigern, zum Beispiel durch Aufrüstung, was als *internes balancing* bezeichnet wird. Sie können aber auch Allianzen mit anderen Staaten eingehen, um die Macht eines anderen Staates oder einer Gruppe anderer Staaten auszugleichen und somit ein Machtgleichgewicht wieder herzustellen. Dies wird auch als *externes balancing* bezeichnet (siehe Abb. 2.1).

Staaten können sich aber auch einem stärkeren Staat anschließen und damit ein Machtgleichgewicht (wieder) herstellen. Dies wird als *bandwagoning* bezeichnet (siehe Abb. 2.2).

Solche Sicherheitskooperationen sind nach Ansicht der neorealistischen Denkschule jedoch begrenzt, sowohl zeitlich als auch mit Blick auf die Kooperationstiefe. Denn Kooperationen führen zu Abhängigkeiten von anderen Staaten und Abhängigkeiten sind aus Perspektive des Neorealismus zu vermeiden. Staaten können sich nicht darauf verlassen, dass andere Staaten sie

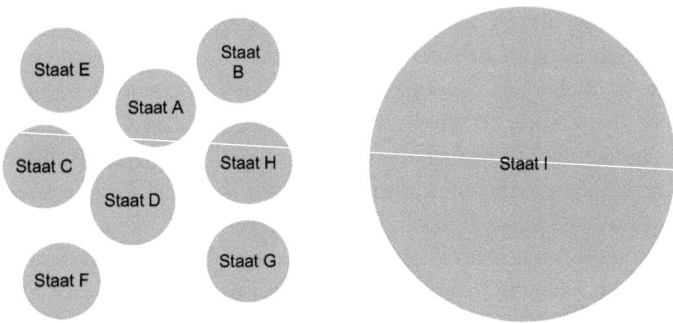

Abb. 2.1 Balancing. (Eigene Darstellung)

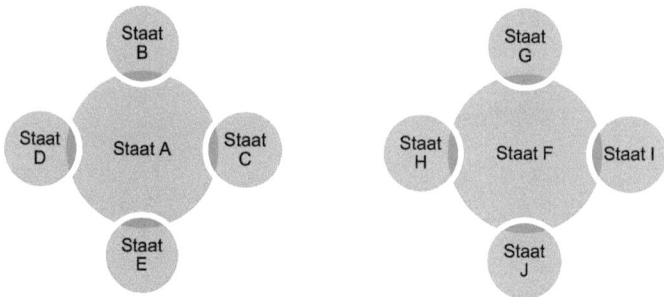

Abb. 2.2 Bandwagoning. (Eigene Darstellung)

in ihrem Streben nach Sicherheit letztlich unterstützten – auch nicht im Rahmen von Allianzen – weil jeder Staat nur auf seine eigene Sicherheit bedacht ist. Daher werden Staaten durch die aufgrund von Kooperationen entstehenden Abhängigkeiten verwundbar. Folglich ist es vorzuziehen, dass sich Staaten militärisch so aufstellen, dass sie sich im Falle eines Angriffs selbst verteidigen können oder dass potentielle Angreifer von vorneherein abgeschreckt werden. Dabei gibt es jedoch unterschiedliche Auffassungen darüber, wie die militärischen Mittel zum Zwecke der Sicherheit eines Staates eingesetzt werden sollen. Ob defensiv (Waltz), um den Machtzuwachs anderer Staaten auszugleichen und somit die relative Machtverteilung zwischen den Staaten beizubehalten, oder ob Staaten unabhängig von den Machtmitteln anderer Staaten permanent offensiv danach streben sollen, ihre eigene Macht auszubauen (Mearsheimer 2001).

Da in einem anarchischen System keine übergeordnete Instanz für die Sicherheit der Staaten sorgt und alle Staaten nach Sicherheit streben, kann es zu einem *Sicherheitsdilemma* kommen (Herz 1974). Staaten misstrauen einander und sehen sich durch andere Staaten bzw. durch deren Machtmittel bedroht. Daher bauen Staaten ihre eigenen Machtmittel aus. Dadurch fühlen sich wie-

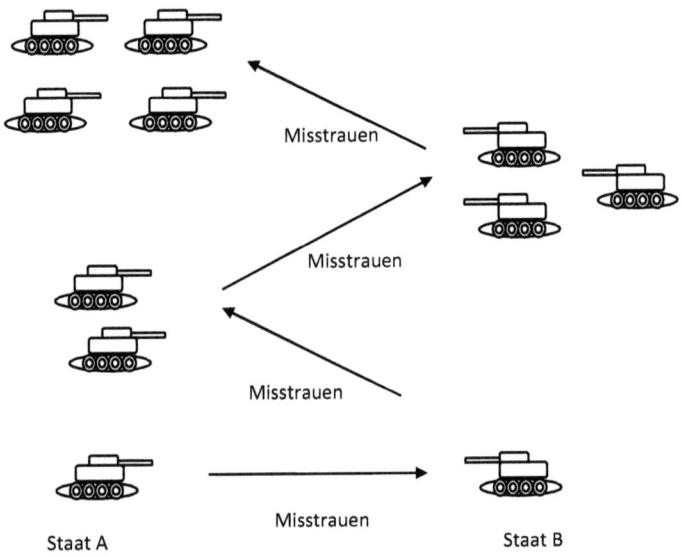

Abb. 2.3 Aufrüstung im Zuge eines Sicherheitsdilemmas. (Eigene Darstellung)

derum die anderen Staaten bedroht, die ihrerseits ihre Machtmittel ausbauen. Dies führt zu einer Spirale oder auch einem „Teufelskreis von Sicherheitsbedürfnis und Machtanhäufung" (Herz 1974, S. 39). Ein solches Sicherheitsdilemma ist im Sinne eines Wettrüstens aus dem Kalten Krieg bekannt (s. Abb. 2.3). Beide Blöcke fühlten sich von der jeweils anderen Seite bedroht und haben immer weiter aufgerüstet.

> **Kubakrise**
>
> Im Zuge der Kubakrise wurde deutlich, dass das Wettrüsten nicht zu mehr Sicherheit führt, sondern – im Gegenteil – zu einem Atomkrieg führen kann. Die Sowjetunion unter Nikita Chruschtschow unterstützte das 1959 durch den Sturz des von den USA gestützten Diktators Fulgencio Batista an die Macht gekommene Regime Fidel Castros. Nachdem die USA Mittelstreckenraketen in der Türkei stationiert hatten, die das Territorium der UdSSR unmittelbar bedrohten, positionierte die UdSSR Raketenstellungen auf Kuba, die wiederum eine unmittelbare Bedrohung des Territoriums der USA bedeuteten. Dadurch wurde die Gefahr, dass das Wettrüsten in einen Atomkrieg mündet, ganz konkret. Um eine weitere Eskalation und somit ein Atomkrieg zu verhindern kam es zu geheimen Verhandlungen zwischen dem Präsidenten der USA, John F. Kennedy, und dem Regierungschef der UdSSR, Nikita Chruschtschow, die zu einem Abzug der Raketen sowohl auf Kuba als auch in der Türkei führten. Es wurden jedoch nicht nur die unmittelbaren, sondern auch die grundsätzlichen Gefahren des Wettrüstens erkannt, weshalb nach der Kubakrise Abrüstungsverhandlungen begonnen.

Die Popularität realistischer Theorien während des Kalten Krieges erschließt sich unter anderem dadurch, dass die theoretischen Grundannahmen des Realismus sowohl die Existenz zweier Staatenblöcke, als auch die Bedeutung militärischer Macht und das Wettrüsten zwischen den führenden Mächten der beiden Blöcke, den USA und der Sowjetunion, erklären konnten. Die Annahmen der realistischen Denkschule passten zum damaligen Diskurs der nationalen Sicherheit in der US-amerikanischen Politik, in dem es den amerikanischen Staat (*Sicherheit für wen?*) vor dem – kommunistischen – Feind (*Sicherheit vor wem?*) zu schützen galt. Entsprechend verlor die realistische Denkschule nach dem Ende des Kalten Krieges an Bedeutung, weil sie dieses weder vorausgesehen hatte, noch eine zufriedenstellende Erklärung für die Überwindung von Konflikten und die zunehmende Kooperation und Integration von Staaten, zum Beispiel in Europa, lieferte. Nach dem 11. September und im Zuge des „Krieges gegen den Terrorismus" rückte der Kalte-Kriegs-Diskurs der nationalen Sicherheit und deren Verfolgung mit militärischen Mitteln (Stichwort „homeland security") gegen eine von der US-Regierung unter George W. Bush so genannte „Achse des Bösen" wieder stärker in den Fokus. Entsprechend gewann die realistische Denkschule wieder an Popularität. Im Bestreben die Entwicklungen während und nach dem Ende des Kalten Krieges zu erklären, hatten jedoch andere Theorieschulen in der Zwischenzeit an Bedeutung gewonnen.

> **Zusammenfassung**
>
> Die realistische Denkschule basiert auf wenigen Annahmen und kann daher als eine „schlanke" Theorie bezeichnet werden. Entsprechend fällt auch die Beantwortung der eingangs formulierten Fragen vergleichsweise einfach. Da nur Staaten relevante Akteure in den Internationalen Beziehungen sind, spielt nur die Sicherheit der Staaten eine Rolle. Zugleich geht von Staaten auch die größte Bedrohung für die Sicherheit von Staaten aus. Da es im internationalen System keine über den Staaten stehende Instanz gibt, die das Zusammenleben und die Sicherheit der Staaten regulieren und regeln würde, ist ihre Sicherheit permanent durch andere, auch nach der eigenen Sicherheit strebende, Staaten bedroht. Daher sind militärische Mittel am besten geeignet, um für die Sicherheit eines Staates zu sorgen. Insgesamt ist Sicherheit aus realistischer Perspektive also zentral, weil Sicherheit erstens die Grundbedingung für alle anderen politischen Ziele eines Staates ist und weil Staaten zweitens permanent um ihre Sicherheit besorgt sein müssen.

2.2 Institutionalismus

Die Theorieschule des Institutionalismus ist als Reaktion auf vor allem politische und wirtschaftliche Veränderungen im internationalen System, speziell auf die zunehmende Komplexität, entstanden. Insbesondere aufgrund der wirtschaftlichen Verflechtung zwischen den Staaten wurde anhand solcher Ereignisse wie der Ölkrise in den 1970er-Jahren deutlich, dass Vorkommnisse und Entwicklungen in einem Teil der Welt Auswirkungen auf andere Staaten in anderen Teilen der Welt haben. Hieraus entstehen Interdependenzen zwischen Staaten. Interdependenzen werden verstanden als wechselseitige Abhängigkeiten, die für alle betroffenen Akteure mit Kosten verbunden sind (Keohane und Nye 1977). Staaten sind aus institutionalistischer Perspektive nach wie vor die zentralen Akteure und werden, wie aus neorealistischer Perspektive, als rational handelnde Akteure angesehen. Die Struktur des internationalen Systems wird jedoch im Unterschied zum Realismus als komplexer erachtet. Das internationale System, so die Annahme, ist nicht nur durch Anarchie geprägt, sondern auch durch Interdependenz. Ein Beispiel hierfür ist die Abhängigkeit eines Staates von Rohstoffen aus einem anderen Staat, der wiederum auf die Gewinne aus dem Rohstoffverkauf angewiesen ist. Interdependenzen sind aus Sicht der institutionalistischen Denkschule ein Grund für die zunehmende Kooperation zwischen Staaten. Denn wenn der Handel mit Rohstoffen, um bei diesem Beispiel zu bleiben, zwischen Staaten verregelt ist, ziehen die beteiligten Staaten daraus einen höheren Nutzen, als wenn sie bei jedem Geschäft neu über die Rahmenbedingungen verhandeln müssten. Dabei kommt internationalen Institutionen und Organisationen eine wichtige Rolle zu.

Internationale Institutionen sind explizite, d. h. niedergeschriebene, oder implizite Regelwerke, die das Verhalten von Akteuren leiten. Dazu gehören Normen, zum Beispiel über das

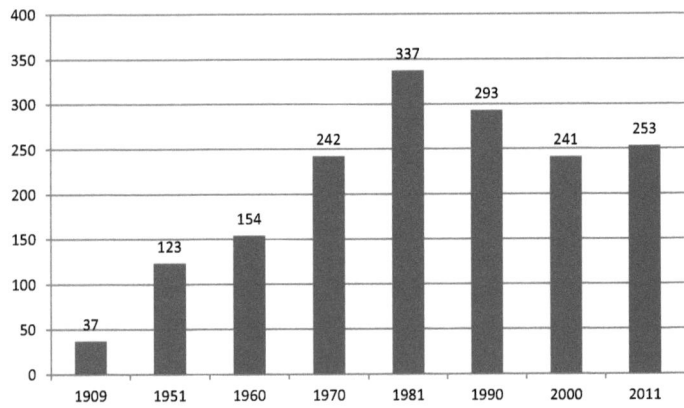

Abb. 2.4 Anzahl internationaler Regierungsorganisationen. (Quelle: Union of International Associations 2012, 33–35)

Verhalten von Akteuren in internationalen Verhandlungen, und Regime. Letztere können als „sets of implicit or explicit principles, norms, rules, and decision-making procedures around which actors' expectations converge in a given area of international relations" (Krasner 1989, S. 2) definiert werden. Sie sind entsprechend der Definition problemfeldspezifisch, d. h. sie decken nur einen bestimmten Aspekt in einem Politikfeld ab. Internationale Organisationen hingegen sind oftmals politikfeldübergreifend. Des Weiteren sind sie kollektive Handlungsorgane, die von mindestens drei Staaten auf Basis eines völkerrechtlichen Vertrages gegründet wurden und die feste Strukturen aufweisen und über eine Satzung verfügen. Tatsächlich nahm die Anzahl an internationalen Institutionen und Organisationen insbesondere seit Mitte des letzten Jahrhunderts zu (s. Abb. 2.4).

In einem insbesondere mit Blick auf Wirtschaft und Umwelt interdependenten internationalen System verliert jedoch militärische Macht an Bedeutung, weil sie nur bedingt geeignet ist, um Ziele zu erreichen und Probleme, zum Beispiel Umweltverschmutzung, zu lösen. Auch muss in einem interdependenten System militärische Sicherheit nicht unbedingt das oberste Ziel von Staaten sein, sondern Staaten können auch andere Ziele priorisieren, zum Beispiel wirtschaftliche Zusammenarbeit und Entwicklung (Keohane und Nye 1977). Somit wird die aus realistischer Sicht vorab festgelegte Unterscheidung zwischen „high politics" und „low politics" aufgehoben.

Interdependenzen zwischen Staaten existieren auch mit Blick auf sicherheitsrelevante Phänomene und Entwicklungen, wie zum Beispiel die Verbreitung von Atomwaffen. Staaten sind darauf angewiesen, dass solche Staaten, die über Atomwaffen verfügen, diese nicht an andere Staaten, von denen potentiell eine Gefahr ausgeht, weitergeben. Dieses Problem verlangt nach grenzüberschreitender Bearbeitung. Hierbei können zum Beispiel internationale Regime und internationale Organisationen helfen. Sie fördern die Kooperation von Staaten und helfen bei der Bearbeitung von Sicherheitsproblemen, weil sie die Handlungsoptionen der Staaten aufgrund von vorher formulierten und von allen akzeptierten Regeln und Prinzipien einschränken und darauf aufbauend Erwartungen an das Handeln der Akteure formen. Aufgrund der Regelmäßigkeit der Kooperation, der Transparenz und Information über das Verhalten der anderen Akteure lassen sich erfahrungsbasierte Erwartungen bezüglich des zukünftigen Handelns der Akteure formulieren. Zudem wird das Handeln der Akteure überwacht, so dass Regelverstöße sanktioniert werden können. Das heißt, die beteiligten Staaten können aus dem Verhalten der anderen Staaten in vorherigen Kooperationen, über das sie aufgrund von transparenten Prozessen informiert werden, auf das Verhalten der anderen Staaten bei zukünftigen Kooperationen schließen. Staaten, die ja als rational handelnde Akteure verstanden werden, halten sich an die Regeln, sofern sie sich einen Nutzen hiervon versprechen (Keohane und Nye 1977).

Ein Beispiel für ein Regime im Sicherheitsbereich ist der Vertrag über die nukleare Nichtverbreitung (NVV), auch Atomwaffensperrvertrag genannt, in dem sich die Mitgliedsstaaten zur Nichtverbreitung und Abrüstung von Atomwaffen verpflichten. Überprüft wird die Einhaltung der Regelungen durch die Internationale Atomenergiebehörde (IAEA) mit Sitz in Wien, eine internationale Organisation, die hierzu regelmäßig Inspektionen in den Mitgliedsstaaten durchführt. Aus Sicht der Denkschule des Institutionalismus gewährt vor allem die Überwachung und Kontrolle darüber, ob die Staaten sich an die Vereinbarungen halten, den Mitgliedsstaaten Sicherheit. Auf der Homepage des Auswärtigen Amtes heißt es hierzu: „Diese Verifizierung eingegangener Verpflichtungen ist wesentlicher Bestandteil des NVV und von zentraler Bedeutung für die Stabilität des Nichtverbreitungsregimes" (Auswärtiges Amt 2015). Entsprechend ist der Umfang der Kontrollen ein Streitpunkt (gewesen) in den sich über mehrere Jahre hinziehenden Verhandlungen zwischen dem Iran, der möglichst wenig Kontrollen möchte, und der IAEA beziehungsweise den verhandlungsführenden fünf Vetomächten des Sicherheitsrates der Vereinten Nationen und Deutschland, die möglichst viele und umfassende Kontrollen befürworten (Stahl 2014, S. 173 f.). Die Vereinten Nationen selbst sind eine internationale Organisation, deren Ziel es laut Artikel 1 der Charta ist, „den Weltfrieden und die internationale Sicherheit zu wahren" (Vereinte Nationen 1945). Hierzu stehen den Vereinten Nationen unterschiedliche Instrumente zur Verfügung, die in Kap. 3 näher besprochen werden.

Während die institutionalistische Denkschule zwar davon ausgeht, dass neben Staaten noch andere Akteure, sowohl auf regionaler, globaler oder substaatlicher Ebene, relevant sind, und dabei vor allem Institutionen und internationalen Organisationen eine strukturelle Wirkung mit Blick auf das Kooperationsverhalten der Akteure zuspricht, bleiben doch die Staaten die zentralen Akteure. Die Frage nach *Sicherheit für wen oder was?* kann also aus institutionalistischer Sicht mit *Sicherheit für den Staat* beantwortet werden. Die Antwort auf die Frage *Sicherheit vor was?* fällt weniger eindeutig aus, bezieht sich aber auf alle grenzüberschreitenden potentiellen Gefahren, die jedoch nicht nur staatlichen Ursprungs sein können, sondern auch nichtstaatlicher Natur, wie Terrorismus. Bei der Beantwortung der Frage *Sicherheit mit welchen Mitteln?* kommt neben Staaten internationalen Institutionen und Organisationen aufgrund ihrer angenommenen strukturellen Wirkung auf das Verhalten von Staaten eine entscheidende Rolle zu. Militärische Mittel sind zwar nicht irrelevant, aber Verhandlungen und Diplomatie wird eine (vorherige) wichtige Rolle zugesprochen. Entsprechend werden Kriege auch mit der Schwäche internationaler Organisationen erklärt. So wird die Schwäche des Völkerbundes immer wieder als ein Faktor unter mehreren angeführt, um den Ausbruch von Kriegen in den 1930er-Jahren – inklusive des Zweiten Weltkrieges – zu erklären (siehe Kap. 3).

Zusammenfassung

Auch in der institutionalistischen Denkschule ist das Referenzobjekt für Sicherheit der Staat. Gefahren für Sicherheit können jedoch nicht nur staatlichen, sondern auch nichtstaatlichen Ursprungs sein. Um Sicherheit herzustellen sind neben militärischen Mitteln, die nur Staaten zur Verfügung stehen, auch Diplomatie und Verhandlungen relevant, so dass Institutionen und Organisationen eine wichtige Rolle zugesprochen wird. Sind diese stark, können sie Staaten zu einer friedlichen Konfliktaustragung bewegen. Im Gegensatz zum Realismus ist die Priorität von Sicherheit vor anderen politischen Zielen eines Staates jedoch nicht a priori festgelegt, sondern Staaten können auch primär an der Verfolgung anderer Ziele interessiert sein.

2.3 Liberalismus

Der Liberalismus (als Theorieschule der Internationalen Beziehungen)[2] gewann im Zuge der Beendigung des Kalten Krieges ab den 1990er-Jahren an Bedeutung. Liberalen Ansätzen ist im Unterschied zu realistischen und institutionalistischen Theorien gemein, dass für sie die interne Verfasstheit eines Staates und die gesellschaftlichen Interessen für das außenpolitische Handeln von Staaten relevant sind.[3] Staaten werden also nicht als einheitliche Akteure („unitary actors") aufgefasst. Die Ziele und Interessen sowie die Wahl der Mittel zu deren Verfolgung ergeben sich auch nicht aus der Struktur des internationalen Systems, sondern aus den gesellschaftlichen Präferenzen (Moravcsik 1997). Die Fragen *Sicherheit für wen oder was?*, *Sicherheit vor was?* und *Sicherheit mit welchen Mitteln?* können also, anders als vor allem im Realismus, nicht pauschal a priori beantwortet werden, sondern hängen von den gesellschaftlich organisierten Präferenzen ab.

Die ideengeschichtlichen Wurzeln liberaler Theoriebildung in den IB liegen in der europäischen Aufklärung, zum Beispiel in Immanuel Kants Überlegungen *Zum Ewigen Frieden* (Kant 2008). Darauf stützt sich beispielsweise das Theorem des demokratischen Friedens, das einen Zusammenhang zwischen der Art und Weise, wie staatliche Herrschaft innerstaatlich organisiert ist, und dem außenpolitischen Verhalten von Staaten, speziell der Art und Weise wie Staaten Konflikte bearbeiten, herstellt. Dabei spielen zwar gesellschaftliche Gruppen und deren Präferenzen eine zentrale Rolle, aber Sicherheit wird nach wie vor im nationalstaatlichen Kontext gedacht.

Das Theorem des Demokratischen Friedens geht davon aus, dass demokratisch verfasste Staaten untereinander keine Kriege

---

[2] Hiermit ist nicht der ökonomische Liberalismus gemeint.
[3] Für einen Überblick über liberale Theoriebildung in den IB siehe Krell (2004) oder Schieder (2003).

führen. Während dieser Befund auf Daten des Correlates of War Project (COW)[4] von David Singer an der Michigan University und einen darauf aufbauenden Aufsatz von Michael Doyle (1983) zurückgeht, sind für die Forschung hierüber in Deutschland vor allem die Arbeiten von Ernst-Otto Czempiel und anderer Autoren der Hessischen Stiftung Friedens- und Konfliktforschung (HSFK) von Bedeutung. Es gibt unterschiedliche theoretische Erklärungen für den Befund. Zwei weit rezipierte Ansätze gehen davon aus, dass die gesellschaftlichen Präferenzen, die die Handlungsoptionen des Staates bestimmen, sowohl im Kontext des politischen Systems als auch der politischen Kultur entstehen und zum Ausdruck kommen (Czempiel 1986; Russett und Oneal 2001; siehe auch Hasenclever 2003, S. 202 ff.). Einerseits kann der politischen Kultur in Demokratien eine kriegshemmende Wirkung zugeschrieben werden. Konflikte innerhalb von Demokratien werden mit friedlichen Mitteln gelöst und Demokratien übertragen die Präferenz für friedliche Konfliktbearbeitungsmittel auf ihr Außenhandeln. Somit streben sie danach, auch zwischenstaatliche Konflikte mit friedlichen Mitteln zu lösen. Andererseits wird argumentiert, dass die demokratischen Strukturen und Prozesse innerhalb des Staates, insbesondere die demokratischen Entscheidungsprozesse im Vorfeld einer Beteiligung an bewaffneten Konflikten, eine kriegsverhindernde Wirkung haben. In Demokratien kann das Militär nicht eigenmächtig über die Durchführung kriegerischer Handlungen entscheiden. Für diese Entscheidung bedarf es der Zustimmung anderer Akteure, wie der Regierung und/oder des Parlamentes. Entsprechende Entscheidungsprozesse sind jedoch möglicherweise langwierig und konfliktreich. Zumindest gehen ihnen in der Regel umfangreiche öffentliche Debatten, zum Beispiel im Parlament und den Medien, voraus. Man denke an die kontroversen Debatten über die erste aktive Beteiligung der Bundeswehr an einem Kampfeinsatz

---

[4] http://www.correlatesofwar.org/ (20.01.2016).

1999 im Kosovo. Die langwierigen und gegebenenfalls konfliktreichen Entscheidungsprozesse, so die Argumentation, dämpfen die Bereitschaft und Fähigkeit von Staaten, Krieg zu führen. Des Weiteren wird argumentiert, dass die Öffentlichkeit in demokratischen Staaten Kriegen tendenziell ablehnend gegenübersteht, weil Kriege schlichtweg hohe Kosten verursachen. Sie kosten Menschenleben und Geld und sind daher schädlich für das eigene Überleben und das von Familienangehörigen und – mit wenigen Ausnahmen wie der Rüstungsindustrie – für die Wirtschaft.[5]

Liberale Theoretiker haben jedoch Schwierigkeiten, den Doppelbefund zu erklären, dass Demokratien zwar untereinander ihre Konflikte friedlich lösen, aber gegenüber Nicht-Demokratien kriegerische Mittel einsetzen (Geis et al. 2006). Trotz allem hat das Theorem des demokratischen Friedens in der Politik viel Wiederhall gefunden. Zum Beispiel beeinflusst der Grundgedanke des demokratischen Friedens die insbesondere von den neokonservativen Kräften in der US-Regierung propagierten Bestrebungen zur Demokratisierung nicht-demokratischer Staaten, die im Falle des Irak 2003 zu einem militärischen Eingreifen führten (Navari 2008, S. 38). Aus dieser Perspektive können die Fragen nach *Sicherheit mit welchen Mitteln?* mit Demokratisierung und *Sicherheit vor was?* mit nicht-demokratischen Staaten beantwortet werden.

---

[5] Dabei werden Demokratien oft als homogene Gruppen von Staaten behandelt. Neuere Forschung weist jedoch darauf hin, dass es zwischen Demokratien Unterschiede gibt, zum Beispiel mit Blick auf die Beziehungen zwischen der Exekutive und der Legislative oder mit Blick auf die öffentliche Meinung, die für die Beteiligung von Demokratien an bewaffneten Konflikten eine Rolle spielen und dabei helfen können, den Doppelbefund zu erklären (zum Beispiel Mello 2014).

> **Zusammenfassung**
>
> Da die liberale Denkschule davon ausgeht, dass das Handeln von Staaten durch die sich auf innerstaatlicher Ebene durchsetzenden Interessen bedingt ist, sind die Interessen von Staaten also nicht a priori festgelegt. Deshalb kann auch der Stellenwert von Sicherheit nicht generalisierend festgelegt werden. Auch Antworten auf die Fragen Sicherheit für wen?, Sicherheit vor was? und Sicherheit mit welchen Mitteln? können nicht pauschal gegeben werden, sondern hängen von den sich auf nationaler Ebene durchsetzenden gesellschaftlichen Präferenzen ab. Dabei wird Sicherheit jedoch immer noch im nationalstaatlichen Kontext gedacht.

2.4 Konstruktivismus

Nach den bisher genannten Theorieschulen, die im Sinne von Smith (2010, S. 9) als Werkzeugkästen verstanden werden können, die uns helfen sollen, die Welt zu verstehen, geht es dem Konstruktivismus und dem daran anschließend vorgestellten Feminismus vor allem darum, zu bestimmen, was der Untersuchungsgegenstand der Disziplin ist. Mit Blick auf Sicherheit geht es also darum zu bestimmen, was mit Sicherheit gemeint ist und wie Sicherheit mit den Identitäten der Akteure zusammenhängt. Im Gegensatz zu den bisher genannten Theorieschulen geht die des Konstruktivismus davon aus, dass die Interessen und Ziele der Akteure sowie die Strategien, um diese zu erreichen, sozial konstruiert sind. Die Frage danach, wer die zentralen Akteure im internationalen System sind, wird in der konstruktivistischen Denkschule unterschiedlich beantwortet. Während einige Autoren, wie Alexander Wendt, einen staatszentrierten Ansatz verfolgen, betonen andere die Bedeutung von Akteuren wie internationaler Regierungs- und Nichtregierungsorganisationen. Mit Blick auf die Struktur des internationalen Systems bestreiten auch konstruktivistische Ansätze nicht, dass über den Staaten keine zum hierarchischen Herrschen befugte und allgemein anerkannte Regelungsinstanz existiert. Entsprechend erkennen auch konstruktivistische Ansätze Anarchie als Strukturmerkmal im internationalen System an. Aber sie gehen davon aus, dass die Folgen der Anarchie für das Handeln der Staaten sowie für ihre Beziehungen zueinander nicht vorbestimmt sind, sondern Anarchie sei, so der Titel eines programmatischen Aufsatzes von Alexander Wendt (1992), „what states make of it". Demnach muss Anarchie nicht zwangsläufig zu einer Machtkonkurrenz und einem Selbsthilfesystem führen, sondern kann auch zur Überwindung dieser Prozesse durch Kooperation führen.

Insgesamt gehen konstruktivistische Ansätze davon aus, dass die Akteure ihr Handeln danach ausrichten, ob es entsprechend allgemein akzeptierter Normen und Prinzipien angemessen ist oder nicht. Folglich lassen sich Akteure weniger durch Drohungen oder Sanktionen beeinflussen, sondern vor allem durch Argumente überzeugen. Die Ziele und Interessen der Akteure entstehen somit durch die Interaktion der Akteure untereinander, aber sie werden auch durch historische und kulturelle Faktoren beeinflusst. Sicherheit kann also ein Ziel von Akteuren sein, muss es aber – im Unterschied zum Realismus – nicht zwangsläufig sein. Die Antworten auf die Fragen danach, für wen oder was Sicherheit vor was und mit welchen Mitteln bereitgestellt wird, werden aus der Perspektive konstruktivistischer Ansätze zu unterschiedlichen Zeiten an unterschiedlichen Orten von unterschiedlichen Akteuren im Rahmen sozialer Interaktion unterschiedlich beantwortet. Sicherheit ist demnach also immer sozial konstruiert.

Anders als die Theorieschule des Institutionalismus, die davon ausgeht, dass internationale Normen und Regeln ausschließlich eine regulierende Wirkung haben, insofern als sie den Akteuren vorgeben, was regelkonformes Handeln ist und was nicht, gehen Vertreter des Konstruktivismus davon aus, dass Normen und Regeln darüber hinaus noch eine konstituierende Wirkung haben. Damit ist gemeint, dass Normen und Regeln das Selbstverständnis und die Identität der Akteure bestimmen. Teilen Akteure Normen und Werte, dann können darauf aufbauend internationale Institutionen oder gar Organisationen etabliert werden. Während aus institutionalistischer Perspektive Institutionen und Organisationen aufgrund von wechselseitigen Abhängigkeiten zur effektiveren Problemlösung etabliert werden, haben Institutionen und Organisationen aus konstruktivistischer Sicht auch eine sozialisierende Wirkung auf die beteiligten Akteure. Sie können dabei die Interessen, Ziele und Identität der Akteure beeinflussen.

Sicherheit im internationalen System kann also durch internationale Sicherheitsorganisationen geschaffen werden, die auf gemeinsamen Regeln, Normen, Interessen und Zielen der beteiligten Akteure beruhen und in denen die Akteure entsprechend sozialisiert werden. In diesem Sinne können Staaten Sicherheitsgemeinschaften bilden (Deutsch 1957), deren Mitglieder eine gemeinsame Identität haben. Die NATO wird von zahlreichen Vertretern des Konstruktivismus als eine „institutionalisierte pluralistische Sicherheitsgemeinschaft liberaler Demokratien" (Risse-Kappen 1996, S. 397) verstanden. Bereits oben wurde erläutert, dass Demokratien untereinander keine Kriege führen und dass eine Erklärung hierfür in den friedlichen demokratischen Werten zu suchen ist, auf denen innenpolitische Prozesse beruhen und denen zufolge Konflikte auf nationaler Ebene mit friedlichen Mitteln gelöst werden. Auf Basis dieser gemeinsamen Werte und weil sie sich gegenseitig jeweils als friedliche Akteure wahrnehmen, können liberale Demokratien Kooperationshindernisse überwinden und internationale Sicherheitsorganisationen wie die NATO schaffen (Risse-Kappen 1996, S. 371). Die Entscheidungs- und Verfahrensregeln innerhalb solcher Sicherheitsgemeinschaften wie der NATO sowie deren grundlegende Normen entsprechen nicht nur den demokratischen Werten der Mitgliedsstaaten, sondern sozialisieren die Mitgliedsstaaten auch und sind für sie handlungsleitend (Risse-Kappen 1996). So heißt es im Strategischen Konzept für die Verteidigung und Sicherheit der Mitglieder der NATO von 2010:

„Die Mitgliedsstaaten der NATO bilden eine einzigartige Wertegemeinschaft, die den Grundsätzen der Freiheit des Einzelnen, der Demokratie, der Menschenrechte und der Rechtsstaatlichkeit verpflichtet ist" (NATO 2010, S. 2).

Darüber hinaus lassen sich aber auch Abgrenzungsprozesse beobachten, wobei bestimmte Werte, Normen und Identitäten gegenübergestellt und einzelne Akteure gezielt ausgegrenzt werden, was auch als „othering" bezeichnet wird. Ein Beispiel hierfür ist die Bezeichnung „Schurkenstaat" durch den Westen und speziell die USA, mit der einzelne Staaten aus der Wertegemeinschaft der zivilisierten westlichen Staaten ausgegrenzt werden sollen. Mit entsprechenden Bezeichnungen und Kategorisierungen sind auch Vorstellungen von angemessenem Verhalten verbunden, das entweder normkonform, wie im Falle der „zivilisierten Staaten", oder normverletzend, wie im Falle der „Schurkenstaaten", ist. So war im Vorfeld des Krieges gegen den Irak 2003 die Bezeichnung des Irak als „Schurkenstaat" und die damit verbundene Annahme des Verstoßes gegen die Regeln und Normen zum Besitz und Einsatz von Massenvernichtungswaffen zentral für die Konstruktion des Irak als Bedrohung (McDonald 2008, S. 63). Sicherheit und Antworten auf die Fragen *Sicherheit für wen oder was?*, *Sicherheit vor was?* und *Sicherheit mit welchen Mitteln?* können also auch umstritten sein.

Die so genannte Kopenhagener Schule hat mit dem securitization-Ansatz einen theoretischen Ansatz entwickelt, der erklären soll, wie wir uns eine soziale Konstruktion von Bedrohungen vorstellen können. Securitization meint, dass von einem Sachverhalt oder einem Ereignis eine existenzielle Bedrohung ausgeht, die von den jeweiligen gesellschaftlichen Akteuren auch als solche akzeptiert wird und die den Einsatz außergewöhnlicher Maßnahmen (u. a. Gewalt) rechtfertigt (Buzan et al. 1998, S. 23 ff.). Diese Bedrohung wird durch einen Sprechakt geäußert und konstruiert. Dabei handelt es sich nicht um ein standardisiertes Verfahren, sondern um eine Praxis (Balzacq 2005, S. 172). Nur wenn der so genannte „securitizer" (Buzan et al. 1998, S. 23 ff.), also derjenige, der einen Sachverhalt, ein Ereignis, eine Entwicklung oder einen anderen Akteur im Rahmen eines Sprechaktes als existentielle Bedrohung darstellt, über ausreichende Autorität verfügt, um eine solche Bedrohung zu konstatieren, kann er eine Zielgruppe davon überzeugen, dass eine bestimmte Bedrohung eine sofortige Gegenmaßnahme erfordert (Buzan et al. 1998, S. 31 ff.). Des Weiteren muss der „securitizer" seine Vorgehensweise, Argumentation und Sprache den Bedürfnissen, Ängsten, Gefühlen und Erfahrungen der Zuhörerschaft sowie dem Zeitgeist anpassen (Balzacq 2005, S. 184 ff.). Er muss eine Geschichte erzählen, die eine existentielle Bedrohung und eine alternativlose Lösung zu deren Bearbeitung beinhaltet (Buzan et al. 1998, S. 33).

Die Konstruktion von Schurkenstaaten als Bedrohung kann mit Hilfe des securitization-Ansatzes konkreter erläutert werden. Durch die Verbindung von so genannten Schurkenstaaten wie dem Irak mit Massenvernichtungswaffen und Terrorismus durch die US-Regierung unter George W. Bush wurde eine existentielle und unmittelbare Bedrohung für die USA formuliert, der nicht durch Strategien der Eindämmung begegnet werden kann, sondern nur mit einer militärischen Intervention. Dadurch wurde die Abkehr von traditionellen Maßnahmen zur Rüstungskontrolle, wie dem Atomwaffensperrvertrag, und der Einsatz proaktiver Strategien, wie präventiver Militärschläge, gerechtfertigt (Stritzel 2014, S. 117 ff.). Die Anschläge vom 11. September hatten dabei eine solche Stimmung in der US-amerikanischen Gesellschaft geschaffen, die die Akzeptanz derartiger Bedrohungen als existentiell begünstigt hat (Kaufmann 2004).

Nach dem ursprünglichen Konzept der Kopenhagener Schule bezieht sich securitization auf Staaten. Securitizer sind demnach staatliche Eliten, zum Beispiel Staats- und Regierungschefs, die aus ihrer Position heraus über ausreichend Autorität verfügen, um im Namen der Bevölkerung Fragen der nationalen Sicherheit zu bewerten und zu entscheiden, d. h. die Bevölkerung von einer existentiellen Bedrohung überzeugen und entsprechende außergewöhnliche Mittel – zum Beispiel den Einsatz des Militärs – anordnen können.

> **Zusammenfassung**
>
> Aus konstruktivistischer Perspektive werden die Antworten auf die Fragen Sicherheit für wen?, Sicherheit vor was? und Sicherheit mit welchen Mitteln? von den Akteuren im Rahmen ihrer Interaktion untereinander sozial konstruiert und fallen daher zu unterschiedlichen Zeiten an unterschiedlichen Orten innerhalb unterschiedlicher Akteurskonstellationen verschieden aus. Gleiches gilt auch für den Stellenwert von Sicherheit für die Akteure.

2.5 Feministische Theorien und Gender-Ansätze

Feministische Perspektiven auf Politik im Allgemeinen, die Internationalen Beziehungen und auf Sicherheit im Speziellen, sind eng mit politischen Forderungen und politischem Aktivismus der Frauen(rechts)bewegung verbunden, die bis ins 19. Jahrhundert zurückreicht. Am 28. April 1915 fand zum Beispiel in Den Haag der erste Internationale Frauenkongress für Frieden statt, dessen Forderungen nach allgemeiner Abrüstung und der politischen Gleichberechtigung von Frauen noch immer aktuell sind. Die theoretische Auseinandersetzung mit den internationalen Beziehungen aus feministischer Perspektive begann jedoch erst in den 1980er-Jahren, „was sicher etwas mit der ausgeprägten männlichen Dominanz in diesem Bereich, und zwar in der Teildisziplin ebenso wie in ihrem Gegenstand, zu tun hat" (Krell 2004, S. 312). Die enge Verbindung „von politischem Feminismus und akademischer Frauen- und Geschlechterforschung" bedingt jedoch, dass letztere „explizit einem normativ-emanzipatorischen Interesse verbunden [ist] mit dem Ziel der Überwindung jenes hierarchisch gefassten Geschlechterverhältnisses" (Locher 1997, S. 6). So stellen feministische Analysen grundlegende Kategorien der Internationalen Beziehungen in Frage, zum Beispiel die Trennung zwischen Innen- und Außenpolitik sowie zwischen öffentlich und privat (Locher 1997).

Feministische Perspektiven auf die IB haben sich über Zeit verändert. Birgit Locher unterscheidet zwischen dem liberalen Feminismus, dem radikalen Feminismus und Gender-Ansätzen. Der liberale Feminismus zielt auf die Egalität der Geschlechter ab und ist in diesem Zusammenhang zum Beispiel bestrebt, die Anzahl von Frauen in klassischen Bereichen der internationalen Beziehungen, wie dem Militär, zu erhöhen (Locher 1997, S. 7). Der radikale Feminismus hingegen betont die Unterschiede zwischen Männern und Frauen und die ihnen zugeschriebenen Eigenschaften. So werden Frauen als grundsätzlich friedfertiger als Männer angesehen, denen wiederum aggressives Verhalten zugeschrieben wird. Da es aber vorwiegend Männer sind, die die Geschicke der Welt leiten, würden Konflikte mit kriegerischen Mitteln bearbeitet. Daher fordern radikale Feministinnen, „Frauen an politische[n] Entscheidungsprozesse[n] zu beteiligen, allerdings um pazifistische weibliche Ansichten einzubringen und damit internationale Politik zum Positiven zu verändern" (Locher 1997, S. 9).

Gender-Ansätze hingegen machen nicht das biologische Geschlecht (sex), sondern das soziale Geschlecht (gender) zum Ausgangspunkt ihrer Analysen. Dabei rücken die (Re-)Produktion von Vorstellungen von Männlichkeit und Weiblichkeit, die diesen zugrunde liegenden Ideen und Normen sowie die Beziehungen der Geschlechter zueinander in den Fokus. Eine solche Perspektive erlaubt es, die Bedeutung bestimmter Geschlechterverständnisse und -beziehungen für die internationalen Beziehungen und darin enthaltene Hierarchien und Machtverhältnisse aufzudecken, zu hinterfragen und zu kritisieren (Locher 1997, S. 12).

Mit Blick auf Krieg werden Frauen oft als „beautiful souls" dargestellt, die es zu schützen gilt; eine Aufgabe, die von Männern, genauer von „just warriors", übernommen wird (Bethke Elstain 1987). Aber weder Männer noch Frauen sind homogene Gruppen, sondern zwischen Männern – genauso wie zwischen Frauen – bestehen Hierarchien. Diese können zum Beispiel auf unterschiedlichen Formen von Maskulinität basieren. So argumentieren Autoren aus einer Gender-Perspektive, dass das US-Militär und dessen Aliierte nach den Anschlägen vom 11. September im Kampf gegen den Terrorismus ein kolonialistisches Narrativ bedient und konstruiert hätten, wonach die Zivilisation von westlichen aufgeklärten Männern gegen oftmals dunkelhäutige andere Männer verteidigt würde (Sharoni 2008, S. 152). Dabei findet „othering" statt, indem nicht-westliche nicht-weiße Männer und auch Frauen als Bedrohung dargestellt werden (Rygiel 2006, S. 147).

Feministische Autoren legen ein breites Sicherheitsverständnis zugrunde. Dieses bezieht sich – *Sicherheit für wen?* – nicht nur auf den Staat, sondern auch und vor allem auf den Schutz von Individuen und gesellschaftlichen Gruppen. Entsprechend wird Sicherheit nicht nur als Schutz vor militärischen Bedrohungen angesehen, sondern – *Sicherheit vor was?* – auch und insbesondere als Schutz vor physischer und psychischer Gewalt gegen Einzelpersonen im Zuge von beispielsweise häuslicher Gewalt, und vor struktureller Gewalt gegen Gruppen im Sinne von zum Beispiel Unterdrückung oder Armut sowie vor Umweltzerstörung (Tickner und Sjoberg 2010, S. 203 f.). Dabei ist aus einer Gender-Perspektive die Trennung zwischen Innen- und Außenpolitik, zwischen privat und öffentlich aufgehoben. Das Streben nach Bildung für Mädchen in Nigeria zum Beispiel wurde von einer privaten zu einer öffentlichen und von einer nationalen zu einer internationalen Angelegenheit, nachdem die islamistische Terrormiliz Boko Haram eine Gruppe Schülerinnen entführt hatte. Nicht nur die Angehörigen der Mädchen und Teile der nigerianischen Bevölkerung, sondern auch die internationale Gemeinschaft forderten die nigerianische Regierung dazu auf, die Mädchen zu suchen und zu befreien und einige Nachbarstaaten Nigerias sowie die USA halfen der nigerianischen Armee hierbei (Zick 2015, S. 8).

Eine Genderperspektive macht darüber hinaus aber auch deutlich, dass Frauen und Mädchen nicht nur Opfer von Gewalt sind, sondern dass sie auch Täterinnen sein können und dass auch Männer und Jungen Opfer von Gewalt werden. Einige Autorinnen befassen sich dabei mit der Rolle von Frauen im Terrorismus, zum Beispiel mit Selbstmordattentäterinnen (Bloom 2011; Brunner 2005), oder mit sexueller Gewalt gegen Männer im Kontext bewaffneter Konflikte (Feron 2015).

> **Zusammenfassung**
>
> Aus einer feministischen bzw. aus einer Gender-Perspektive wird gefragt, welche Rolle Männer und Frauen bzw. welche Rolle Gender in der Sicherheitspolitik spielt und wie sich dies auf die Definition von Sicherheitsgefahren, die Wahl der Mittel zur Bereitstellung von Sicherheit und die Festlegung der zu schützenden Akteure auswirkt.

2.6 Critical Security Studies

Die so genannten critical security studies sind vor allem in Europa prominent vertreten. Sie stellen weniger eine einheitliche Theorie dar, sondern haben – wie der Name schon sagt – als Gemeinsamkeit einen kritischen Zugriff auf Sicherheit, wobei jedoch unterschiedliche Perspektiven existieren (Malik 2015, S. 32 ff.). Vertretern der critical security studies geht es darum, die existierende (Sicherheits-)Ordnung kritisch zu hinterfragen. Die theoretischen Wurzeln liegen in der Kritischen Theorie der Frankfurter Schule. Autoren der critical security studies weisen die zentrale Rolle, die Staaten in anderen Theorieschulen mit Blick auf Sicherheit zugesprochen wird, zurück bzw. hinterfragen kritisch, warum ausgerechnet Staaten die zentralen Sicherheitsakteure und Analyseeinheiten sein sollen. Sie verweisen mit Blick auf die Fragen *Sicherheit für wen?* und *Sicherheit vor was?* im Gegenteil darauf, dass es oftmals Individuen und gesellschaftliche Gruppen sind, deren Sicherheit von wirtschaftlichem Zusammenbruch, Umweltzerstörung, Kriminalität oder Krankheiten bedroht sei (Booth 1991, S. 318). Darüber hinaus sei der Staat in vielen Fällen sogar eine Quelle der Unsicherheit für die Bevölkerung (Booth 1991, S. 318). Autoren der critical security studies fragen also kritisch nach, wie es sein kann, dass der Staat in Theorieschulen wie dem Realismus und dem Institutionalismus als Sicherheitsgarant angesehen wird, wenn er doch oftmals statt zu Sicherheit zur Unsicherheit seiner und anderer Bevölkerungen (und auch anderer Staaten) beiträgt. Diese kritische Perspektive wird auf das gesamte internationale System übertragen.

Während auch andere theoretische Perspektiven, wie Gender-Ansätze (s. Abschn. 2.5), den Fokus auf die Sicherheit von Individuen und gesellschaftlichen Gruppen legen, haben Autoren der so genannten critical security studies einen explizit emanzipatorischen Anspruch. Dabei rücken diejenigen, die von Unsicherheit geplagt sind, sowie die Gründe für deren Unsicherheit und solche Prozesse und Strukturen (inklusive Akteure), die Unsicherheit herstellen und aufrechterhalten, in den Fokus der Analyse. Am stärksten ausgeprägt ist der Emanzipationsgedanke in den Arbeiten von Ken Booth und der so genannten Waliser Schule, benannt nach der Aberystwyth Universität in Wales, Booths Alma Mater. Die Frage nach *Sicherheit mit welchen Mitteln?* kann aus dieser Perspektive mit Emanzipation beantwortet werden:

> Emancipation is the freeing of people (as individuals and groups) from those physical and human constraints which stop them carrying out what they would freely choose to do. War and the threat of war is

one of those constraints, together with poverty, poor education, political oppression and so on. Security and emancipation are two sides of the same coin. Emancipation, not power or order, produces true security. Emancipation, theoretically, is security (Booth 1991, S. 319).

Sicherheit kann also weder durch ein Mächtegleichgewicht zwischen Staaten, durch Allianzen oder internationale Organisationen erreicht werden, wenn gleichzeitig Menschen durch Armut oder mangelnden Zugang zu Ressourcen in Unfreiheit bzw. unter Bedingungen struktureller Gewalt leben. Sicherheit kann nur durch die Schaffung fairer Bedingungen für alle Menschen erzeugt werden. Damit stellen critical security studies die Grundkonstanten des internationalen Systems in Frage. Statt diese zu verbessern, indem zum Beispiel internationale Institutionen gestärkt werden, müssen diese unter Umständen verändert werden, damit Sicherheit möglich wird. Die critical security studies stellen somit den politischen Charakter von Prozessen, Strukturen und Inhalten, die mit Sicherheit zu tun haben, in den Vordergrund. Die Fragen *Sicherheit für wen oder was?*, *Sicherheit vor was?* und *Sicherheit mit welchen Mitteln?* sind aus dieser Perspektive immer politische Fragen. Welche Antworten sich durchsetzen, hat daher auch mit der Machtverteilung unter den Akteuren zu tun.

Als eine Variante von critical security studies können post-koloniale Ansätze verstanden werden. Diese kritisieren die westliche Perspektive in der politikwissenschaftlichen Auseinandersetzung mit Sicherheit und dass, folglich, nicht-westliche Belange kaum bis gar nicht berücksichtigt werden, was vor allem – aber nicht nur – auf den Realismus und seinen Fokus auf mächtige Staaten zutrifft. Post-koloniale Ansätze – und hier gibt es Überschneidungen mit feministischen bzw. Gender-Ansätzen – machen aber auch deutlich, dass Sicherheit oftmals auf Basis von (konstruierten) Hierarchien verstanden wird, die auf Unterschieden von Geschlecht, Rasse und Klasse basieren, und somit Machtverhältnisse widerspiegelt. So zeigen entsprechende Analysen zum Beispiel auf, wie Menschen aufgrund ihres nicht-westlichen Aussehens – im Sinne des „othering" – als (terroristische) Bedrohung konstruiert werden.

> **Zusammenfassung**
>
> Aus Sicht der critical security studies steht die Sicherheit von Individuen im Vordergrund, die aus Unfreiheit befreit werden sollen bzw. sich selbst daraus befreien sollen und zwar durch die Schaffung fairer Bedingungen und durch ihre Emanzipation. Der Staat kann aus dieser Perspektive weder das Referenzobjekt von Sicherheit, noch der zentrale Sicherheitsakteur sein, da er vielfach für die Unsicherheit von Menschen verantwortlich ist und deren Emanzipation verhindert.

2.7 (Sicherheits-)Governance

Bei Security Governance handelt es sich weniger um eine Theorie (Christou et al. 2010), als um ein analytisches Konzept zur Erfassung der unterschiedlichen Formen der Sicherheitserbringung. Der Governance-Begriff ist jedoch nicht eindeutig definiert. In einem weiten Verständnis kann Governance definiert werden als „die Gesamtheit der verschiedenen Formen kollektiver Regelung gesellschaftlicher Sachverhalte" (Risse und Lehmkuhl 2007, S. 145). Dabei kann sich Governance „sowohl auf eine Handeln regelnde Struktur als auch auf den Prozeß der Regelung beziehen" (Mayntz 2006, S. 15). Was den *Prozess* betrifft, so ist zwischen hierarchischen und nicht-hierarchischen bzw. zwischen harten und weichen Formen der Handlungskoordination zu unterscheiden. Hierarchische Governance-Modi meinen das autoritative (Durch-)Setzen von Regelungen, wie es auf nationalstaatlicher Ebene mittels Zwang erfolgt. Nicht-hierarchische Kooperationsmodi basieren auf Aushandlungsprozessen und Kompromissen (bargaining) und/oder Überzeugungs- und Lernprozessen (ar-

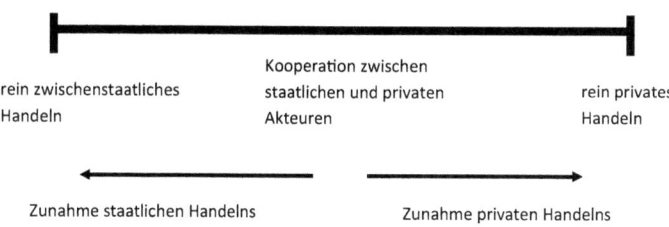

Abb. 2.5 Governance-Struktur. (Quelle: eigene Darstellung nach Börzel und Risse 2005, S. 200)

guing) (Börzel 2006, S. 77; Risse und Lehmkuhl 2007, S. 147). Die Governance-*Struktur* resultiert aus den beteiligten Akteuren und deren Beziehungen zueinander. Nach einem weiten Governance-Verständnis reichen die Regelungsformen von ausschließlich staatlichem Handeln über Kooperationen zwischen staatlichen und privaten Akteuren bis hin zu rein privatem Handeln, zum Beispiel in Form der Selbstregulierung privater Akteure (s. Abb. 2.5). Ein engeres Governance-Verständnis bezieht sich ausschließlich auf nicht-hierarchische, weiche Kooperationsformen, an denen private Akteure beteiligt sind, und schließt rein staatliche Governance aus.

Wie die bisher dargestellten Denkschulen ist auch die Governance-Diskussion im Kontext realer Veränderungen zu sehen. Im Zuge der Globalisierung ist spätestens seit den 1970er-Jahren nicht nur eine zunehmende Interdependenz zu beobachten, sondern auch eine „Aufhebung, Verschiebung und Umdeutung von Grenzen", bei der sich „die Bezugsräume politischen Handelns stetig verändern" (Kohler-Koch 1998, S. 12). Dabei sind Probleme oft grenzüberschreitender Art, so dass die entsprechenden Handlungszusammenhänge nicht mehr mit den territorialen Grenzen der Nationalstaaten übereinstimmen. Dadurch wird die Problemlösungskapazität nationalstaatlicher Politik eingeschränkt. Mit Blick auf Sicherheit gilt dies zum Beispiel in Hinblick auf grenzüberschreitende Phänomene wie Terrorismus und Drogenhandel sowie grenzüberschreitend handelnde Akteure wie private Sicherheits- und Militärfirmen. Auf nationalstaatlicher Ebene getroffene und durchgesetzte politische Entscheidungen und Maßnahmen decken dabei nur einen Ausschnitt des jeweiligen Handlungszusammenhangs ab, so dass sie in ihrem Korrekturbestreben teilweise ineffektiv sind (Zürn 1998, S. 18 f.). So würde ein Verbot privater Sicherheits- und Militärfirmen in einem Land vermutlich dazu führen, dass die Firmen ihren Sitz in ein Land verlegen, in dem sie nicht verboten sind, aber weiterhin ihre Dienstleistungen anbieten und durchführen. Ein Verbot dieser Firmen wäre demnach nur wirksam, wenn es global etabliert und effektiv durchgesetzt würde. Dies ist aber schon aufgrund fehlender staatlicher Strukturen in zahlreichen Einsatzländern der Firmen unrealistisch.

Zwar ähneln diese Annahmen den interdependenzbasierten Annahmen der institutionalistischen Denkschule, doch geht die Governance-Perspektive darüber hinaus, weil sie nicht davon ausgeht, dass grenzüberschreitende Probleme allein auf Ebene von Regierungen im Rahmen von internationalen Organisationen oder Regimen bearbeitet werden können. Nichtstaatliche Akteure werden nicht nur als Teil des Problems, sondern angesichts der begrenzten Problemlösungskapazität des Staates auch als Teil der Lösung angesehen. So wird zum Beispiel davon ausgegangen, dass nichtstaatliche Akteure Governance-Leistungen im Sicherheitsbereich erbringen können, um staatliche Akteure zu entlasten oder wenn staatliche Akteure zur Erbringung entsprechender Leistungen nicht in der Lage sind.

Security Governance oder Sicherheitsgovernance kann entsprechend definiert werden als die Bereitstellung von Sicherheit durch staatliche und nichtstaatliche oder ausschließlich durch nichtstaatliche Sicherheitsakteure (Caparini 2006, S. 269). Dabei handelt es sich bei Security Governance nicht nur um ein analytisches Konzept zur Erfassung unterschiedlicher Akteure und Formen der Sicherheitserbringung, sondern auch – in Antwort auf die Frage Sicherheit *mit welchen Mitteln?* – um ein konkretes Instrument zur Bereitstellung von Sicherheit (Sperling und Webber 2014, S. 128). Dabei besteht aus einer normativen Perspektive heraus die Tendenz, Security Governance als Weg zur Lösung komplexer Sicherheitsprobleme (Sperling und Webber 2014, S. 129) anzusehen, indem davon ausgegangen wird, dass die Sicherheitsproduktion effektiver ist, wenn nichtstaatliche Akteure daran beteiligt werden.

Eine analytische Perspektive hingegen legt den Fokus auf die „Pluralisierung des Akteursspektrums" (Hönke 2009, S. 17) und die „empirische[.] Frage, wer die relevanten (Un-)Sicherheitsakteure sind und ob sich diese weicher Steuerung oder Formen von Zwang und Gewalt bedienen, und nimmt den Staat a priori aus dem Zentrum der Analyse" (Hönke 2009, S. 17). Private Sicherheitsakteure sind einerseits gesellschaftliche Akteure wie Bürgerwehren und andererseits kommerzielle Akteure, die auf dem Markt Sicherheitsdienstleistungen anbieten. Zu Letzteren zählen private Sicherheitsfirmen, die zum Beispiel in Konfliktregionen Hilfslieferungen oder Botschaften bewachen. Da solche Sicherheitsdienstleistungen im Kontext bewaffneter Konflikte oftmals eine militärische Komponente haben, ist häufig auch von privaten Sicherheits- und Militärfirmen die Rede. Dabei können private Sicherheitsakteure alleine oder gemeinsam mit staatlichen Akteuren zusammen an der Bereitstellung von Sicherheit beteiligt sein. In letzterem Falle ist oftmals von so genannten Public-Private-Partnerships die Rede.

Die Form der von privaten Akteuren (mit-)produzierten Sicherheit und somit die Antworten auf die Frage *Sicherheit für wen oder was?* fallen sehr unterschiedlich aus und müssen für jeden Einzelfall empirisch überprüft werden. Wenn kommerzielle Sicherheitsakteure Wohnviertel oder Firmengelände schützen, dann wird Sicherheit nur selektiv für eine bestimmte Gruppe von Personen bereitgestellt. In diesem Zusammenhang ist auch von der Kommodifizierung von Sicherheit die Rede (Krahmann 2008) womit gemeint ist, dass Sicherheit zu einer Ware wird. Damit verbunden ist die Vorstellung, dass Sicherheit exklusiv nur für diejenigen bereitgestellt wird, die dafür bezahlen. Wird Sicherheit dem gegenüber als öffentliches Gut bereitgestellt, so wie es das staatliche Gewaltmonopol idealtypisch vorsieht, so steht Sicherheit für alle auf einem Territorium befindlichen Personen in gleichem Maße zur Verfügung, unabhängig von der Anzahl der Personen, für die Sicherheit bereitgestellt wird. In Abwesenheit (dazu fähiger) staatlicher Sicherheitsakteure können solche Leistungen auch von nichtstaatlichen Akteuren erbracht werden, wenn diese zum Gewaltmonopolisten werden, der „in den Aufbau politischer und sozialer Regelungsstrukturen investiert, die sowohl ein gewisses Maß an Erwartungssicherheit als auch kollektiv verbindliche Entscheidungen für eine definierte Gruppe herstellen", wodurch Sicherheit „den Charakter eines öffentlichen, nicht-selektiven Guts an[nehmen]" (Chojnacki und Branovic 2007, S. 165) kann. Dies trifft zum Beispiel auf Konfliktakteure wie Warlords oder Guerillagruppen zu, die ein bestimmtes Territorium kontrollieren und auf diesem staatliche Funktionen ausüben.

Auch die Frage *Sicherheit mit welchen Mitteln?* muss unterschiedlich beantwortet werden, weil nichtstaatlichen Akteuren andere Mittel zur Verfügung stehen als staatlichen Akteuren. Nichtstaatliche Sicherheitsakteure können zwar Zwangsmittel militärischer oder polizeilicher Art einsetzen, zum Beispiel wenn sie bewaffnet sind. Dabei handelt es sich aber in der Regel nicht um schweres militärisches Gerät wie Panzer, sondern vor allem um Schusswaffen. Doch nichtstaatliche Sicherheitsakteure haben unter Umständen andere Interessen als staatliche. Kommerzielle Sicherheitsakteure haben zum Beispiel ein Interesse daran, ihre Gewinne zu maximieren. Dies kann dazu führen, dass sie ihren Kunden kostenintensive Maßnahmen zum Schutz vor Risiken, nicht aber Maßnahmen zur Beseitigung von Bedrohungen anbieten.

Das Interesse und die Motivation der Sicherheitsakteure beeinflusst auch die Antwort auf die Frage *Sicherheit vor was?* Aufgrund ihres Unternehmenscharakters haben kommerzielle Sicherheitsakteure ein Interesse daran, die Anzahl an Sicherheitsgefahren, vor denen sie ihre Kunden schützen und wofür sie entsprechende Dienstleistungen anbieten, hoch zu halten. Davon abgesehen, dass es absolute Sicherheit nicht geben kann, wird argumentiert, dass kommerzielle Sicherheitsakteure ein Interesse daran haben, dass auf einem gewissen Niveau dauerhaft Sicherheitsgefahren existieren, weil sie sonst arbeitslos würden (Zedner 2003, S. 157). Auch gesellschaftliche Sicherheitsakteure können dazu tendieren, überall Bedrohungen zu sehen. Wenn im Rahmen von Bürgerwehren Menschen, die von der Angst getrieben sind, Opfer von Diebstahl oder Raub zu werden, auf Straßen und in Wohnvierteln patrouillieren, dann weitet sich der Kreis der Ereignisse und Personen, die als Bedrohung wahrgenommen werden, möglicherweise immer weiter aus. So werden Fälle gemeldet, in denen Bürger im Sinne von „Lynchjustiz" Mitbürger des Einbruchs verdächtigten und deshalb festhielten und gar verprügelten (Bangel 2014).

Die Trennung zwischen staatlichen und nichtstaatlichen Akteuren ist jedoch nicht immer eindeutig. Sicherheitsakteure können sowohl staatlich als auch privat sein. Aus Nicht-OECD-Staaten sind Fälle bekannt sind, in denen staatliche Militärs ihre Sicherheitsdienstleistungen an private Akteure verkaufen und zum Beispiel Polizisten in ihrer Freizeit als private Wachmänner ihren Lohn aufbessern (von Boemcken und Schmitz-Pranghe 2012, S. 51). Doch Medienberichten zu Folge ist es auch vorgekommen, dass deutsche Soldaten in ihrer Freizeit für private Sicherheitsfirmen arbeiten. So sollen Bundeswehrsoldaten zum Beispiel im Zuge der Piratriebekämpfung am Horn von Afrika im Rahmen privater Aufträge an Bord von Handelsschiffen tätig gewesen sein (Seliger 2013) und in Libyen sollen Polizeibeamte aus Nordrhein-Westfalen 2006 gemeinsam mit Bundeswehrsoldaten und Mitgliedern der Anti-Terroreinheit der Bundespolizei, GSG 9, in ihrer Freizeit lokale Sicherheitskräfte ausgebildet haben (Nitschmann 2010). Daher sprechen Rita Abrahamsen und Michael Williams statt von Public-Private-Partnerships, die auf der klaren Trennung staatlicher Akteure einerseits und nichtstaatlicher Akteure andererseits beruhen, von so genannten „security assemblages", die sie definieren als „new security structures and practices that are simultaneously public and private, global and local" (Abrahamsen und Williams 2011, S. 3).

Zusammenfassung

Versteht man Security Governance als ein analytisches Konzept zur Erfassung der unterschiedlichen Formen der Erbringung von Sicherheit, dann hängt die Antwort auf die Frage Sicherheit für wen? von der Analyseebene ab. Sicherheit kann für Individuen, für Gruppen, für den Staat, für eine Gruppe von Staaten oder auf globaler Ebene angestrebt und bereit gestellt werden. Dies kann durch staatliche und/oder nichtstaatliche Akteure erfolgen, die sich hierfür unterschiedlichster Mittel bedienen können. Aus einer normativen Perspektive wird dabei oft davon ausgegangen, dass der Einbezug nichtstaatlicher Akteure in die Bereitstellung von Sicherheit aufgrund der mangelnden staatlichen Kapazität und/oder Kompetenz zur Effektivitätssteigerung von Sicherheitsproduktion beiträgt.

Einführungswerke zum theoriegeleiteten Studium Internationaler Sicherheit

Paul D. Williams (Hrsg.). 2008. *Security Studies. An Introduction*. London und New York: Routledge.

Dieses Lehrbuch liefert einen sehr guten Überblick über unterschiedliche theoretische Perspektiven auf Sicherheit (Teil 1) und erläutert daran anschließend zentrale sicherheitsrelevante Konzepte wie Krieg, Terrorismus, Zwang, Gesundheit (Teil 2) sowie wichtige Sicherheitsinstitutionen (Teil 3) und aktuelle Herausforderungen wie transnationale organisierte Kriminalität und private Sicherheit (Teil 4). Das Buch ist auch für „Einsteiger" gut verständlich geschrieben.

> Buzan, Barry und Lene Hansen. 2009. *International Security Studies*. Cambridge: Cambridge University Press.

Barry Buzan und Lene Hansen verfolgen eine historische Herangehensweise und erläutern die Entwicklung der Sicherheitsforschung in den Internationalen Beziehungen, wobei der Fokus auf der Entwicklung seit dem Kalten Krieg liegt. Zentrale Konzepte wie Staat und Souveränität und deren Entstehung werden entsprechend historisch kontextualisiert erläutert.

3
Wege zur Sicherheit I: Internationale Regierungsorganisationen

Insbesondere aus Perspektive der institutionalistischen Denkschule kommt internationalen Regierungsorganisationen eine wichtige Rolle bei der Bereitstellung von Sicherheit zu, weil sie durch ihre Strukturen und Prozesse Alternativen zur militärischen Konfliktbearbeitung bereitstellen. Internationale Regierungsorganisationen sind Organisationen, deren Mitglieder Staaten sind und die eine feste Organisationsstruktur aufweisen mit einem Hauptquartier und einem eigenen bürokratischen Apparat. Auf internationaler Ebene haben die Vereinten Nationen (VN) hier – nicht nur aufgrund ihrer fast universellen Mitgliedschaft – eine besondere Bedeutung. Daneben existieren eine Reihe von regionalen Organisationen, die sich primär mit Sicherheit befassen, zum Beispiel die North Atlantic Treaty Organization (NATO) oder die Organisation für Sicherheit und Zusammenarbeit in Europa (OSZE). In diesem Kapitel sollen mit den VN (Abschn. 3.1) und der NATO (Abschn. 3.2) zwei unterschiedliche Arten von Sicherheitsorganisationen vorgestellt werden. Während die VN ein weltumspannendes System kollektiver Sicherheit sind, ist die NATO ein kollektives, regionales Verteidigungsbündnis. Dabei wird erläutert, welche Sicherheitsaufgaben die beiden Organisationen haben und welche Instrumente ihnen hierfür zur Verfügung stehen.

© Springer Fachmedien Wiesbaden 2017
A. Schneiker, *Sicherheit in den Internationalen Beziehungen*, Elemente der Politik,
DOI 10.1007/978-3-658-13576-8_3

3.1 Die Vereinten Nationen

In einem Lehrbuch über Sicherheit in den internationalen Beziehungen dürfen die Vereinten Nationen (VN) nicht fehlen. Aber warum ist das eigentlich so? Um die Rolle der VN mit Blick auf Sicherheit zu untersuchen und zu verstehen, müssen wir zunächst klären, was für eine Art von Akteur die VN sind. Die Annahmen darüber, welchen Beitrag die VN zu Sicherheit im internationalen System leisten können, hängen weiterhin davon ab, aus welcher theoretischen Perspektive diese Frage beantwortet wird. Schließlich werden einzelne Instrumente der VN zur Herstellung und Wahrung der internationalen Sicherheit vorgestellt.

In diesem Kapitel sollen also folgende Fragen beantwortet werden:

- Welche Aufgaben haben die VN mit Blick auf Sicherheit?
- Welche Instrumente stehen den VN zur Erfüllung dieser Sicherheitsaufgaben zur Verfügung?
- Wie können wir die Wahrnehmung dieser Sicherheitsaufgaben durch die VN bewerten?

Die Vereinten Nationen sind „eine internationale Organisation, die auf dem Prinzip der multilateralen intergouvernementalen Zusammenarbeit beruht" (Gareis und Varwick 2014, S. 72). Dies bedeutet, dass die Entscheidungskompetenz bei den Mitgliedsstaaten liegt. Bei supranationalen Organisationen hingegen übertragen die Mitgliedsstaaten ihre Entscheidungskompetenz an ein Gremium der Organisation; es findet also ein Souveränitätstransfer statt.[1] Internationale Regierungsorganisationen sind jedoch nicht immer entweder rein intergouvernemental oder rein supra-

---

[1] Die Europäische Union ist eine supranationale Organisation, weil in zentralen Bereichen ein Souveränitätstransfer von den Mitgliedsstaaten an Organe der Union übertragen wurden, zum Beispiel in Fragen des gemein-

national organisiert. So hat auch ein Bereich der Vereinten Nationen hierarchische Elemente: Im Falle der Friedenssicherungen kann der Sicherheitsrat der Vereinten Nationen, dem ja nur 15 der 193 Mitgliedsstaaten angehören, Entscheidungen treffen, die für alle Mitgliedsstaaten der Vereinten Nationen bindend sind.

3.1.1 System kollektiver Sicherheit

Die Vereinten Nationen wurden 1945 in Reaktion auf den Zweiten Weltkrieg als System kollektiver Sicherheit gegründet. Doch was bedeutet dies? Hierzu ist ein Blick in die Charta der Vereinten Nationen hilfreich. Die Charta ist das Gründungsdokument und – wenn man so will – die „Verfassung" der Organisation. In Artikel 1 der Charta ist als erstes Ziel der Organisation „den Weltfrieden und die internationale Sicherheit zu wahren und zu diesem Zweck wirksame Kollektivmaßnahmen zu treffen" (Vereinte Nationen 1945) angegeben (siehe Kasten). Hierzu haben sich die Vereinten Nationen in den nachfolgenden Artikeln der Charta ein umfassendes Regelwerk gegeben, das vor allem auf der Norm des Allgemeinen Gewaltverbotes – inklusive dessen Androhung – beruht (Art. 2, Ziffer 4) (zur Bedeutung von Normen siehe Kap. 4). Dabei verpflichten sich die Staaten entsprechend Kapitel VI der Charta zur friedlichen Beilegung von Streitigkeiten und sollen dazu unter anderem Instrumente wie „Verhandlung, Untersuchung, Vermittlung, Vergleich, Schiedsspruch, gerichtliche Entscheidung, Inanspruchnahme regionaler Einrichtungen" (Vereinte Nationen 1945) nutzen. Das Allgemeine Gewaltverbot erlaubt nur zwei Ausnahmen: Das individuelle oder kollektive Selbstverteidigungsrecht (Art. 51) sowie Entscheidungen des Sicherheitsrates zum Einsatz militärischer Zwangsmaßnahmen (Kapitel VII).

---

samen Marktes an die Europäische Kommission und in Fragen der Währung an die Europäische Zentralbank.

Charta der Vereinten Nationen

WIR, DIE VÖLKER DER VEREINTEN NATIONEN – FEST ENTSCHLOSSEN,

- künftige Geschlechter vor der Geißel des Krieges zu bewahren, die zweimal zu unseren Lebzeiten unsagbares Leid über die Menschheit gebracht hat,
- unseren Glauben an die Grundrechte des Menschen, an Würde und Wert der menschlichen Persönlichkeit, an die Gleichberechtigung von Mann und Frau sowie von allen Nationen, ob groß oder klein, erneut zu bekräftigen,
- Bedingungen zu schaffen, unter denen Gerechtigkeit und die Achtung vor den Verpflichtungen aus Verträgen und anderen Quellen des Völkerrechts gewahrt werden können,
- den sozialen Fortschritt und einen besseren Lebensstandard in größerer Freiheit zu fördern,

UND FÜR DIESE ZWECKE

- Duldsamkeit zu üben und als gute Nachbarn in Frieden miteinander zu leben,
- unsere Kräfte zu vereinen, um den Weltfrieden und die internationale Sicherheit zu wahren,
- Grundsätze anzunehmen und Verfahren einzuführen, die gewährleisten, daß Waffengewalt nur noch im gemeinsamen Interesse angewendet wird, und
- internationale Einrichtungen in Anspruch zu nehmen, um den wirtschaftlichen und sozialen Fortschritt aller Völker zu fördern –

[...]

Artikel 1
Die Vereinten Nationen setzen sich folgende Ziele:

1. den Weltfrieden und die internationale Sicherheit zu wahren und zu diesem Zweck wirksame Kollektivmaßnahmen zu treffen, um Bedrohungen des Friedens zu verhüten und zu beseitigen, Angriffshandlungen und andere Friedensbrüche zu

unterdrücken und internationale Streitigkeiten oder Situationen, die zu einem Friedensbruch führen könnten, durch friedliche Mittel nach den Grundsätzen der Gerechtigkeit und des Völkerrechts zu bereinigen oder beizulegen;

[...]

Artikel 2
Die Organisation und ihre Mitglieder handeln im Verfolg der in Artikel 1 dargelegten Ziele nach folgenden Grundsätzen:

1. Die Organisation beruht auf dem Grundsatz der souveränen Gleichheit aller ihrer Mitglieder.
2. Alle Mitglieder erfüllen, um ihnen allen die aus der Mitgliedschaft erwachsenden Rechte und Vorteile zu sichern, nach Treu und Glauben die Verpflichtungen, die sie mit dieser Charta übernehmen.
3. Alle Mitglieder legen ihre internationalen Streitigkeiten durch friedliche Mittel so bei, daß der Weltfriede, die internationale Sicherheit und die Gerechtigkeit nicht gefährdet werden.
4. Alle Mitglieder unterlassen in ihren internationalen Beziehungen jede gegen die territoriale Unversehrtheit oder die politische Unabhängigkeit eines Staates gerichtete oder sonst mit den Zielen der Vereinten Nationen unvereinbare Androhung oder Anwendung von Gewalt.

[...]
Quelle: Vereinte Nationen 1945

> **Der Sicherheitsrat der Vereinten Nationen**
>
> - 15 Mitgliedsstaaten
> - 5 ständige Mitglieder mit Veto-Recht (China, Frankreich, Großbritannien, Russland, USA)
> - 10 nicht ständige Mitglieder, von der Generalversammlung für 2 Jahre gewählt
> - trägt die „Hauptverantwortung für die Wahrung des Weltfriedens und der internationalen Sicherheit" (Art. 24, Charta der VN)
> - entscheidet hierfür über nicht-militärische Maßnahmen (z. B. Sanktionen) und militärische Maßnahmen (z. B. Friedensmissionen)
> - Entschlüsse sind bindend für die Mitgliedsstaaten der VN

Damit dieses kollektive Sicherheitssystem wirksam werden kann, muss eine grundlegende Prämisse gegeben sein, die sich aus institutionalistischer Sicht folgendermaßen formulieren lässt: Die beteiligten Staaten müssen ein gemeinsames Interesse haben bzw. durch die Kooperation muss sich für alle daran beteiligten Akteure ein Nutzen ergeben. Das System der kollektiven Sicherheit der Vereinten Nationen „geht davon aus, dass *alle* Staaten bereit sein können, ihren Souveränitätsanspruch, ihre partikularen Interessen und Bedürfnisse hinter ein *gemeinsames* Interesse an friedlichen und stabilen internationalen Beziehungen zurückstellen und sich an der Errichtung eines globalen Systems zu beteiligen, das seine Mitglieder von der Androhung und Anwendung von Gewalt abzuhalten in der Lage ist" (Gareis und Varwick 2014, S. 88; eigene Herv.).

Neben dem gemeinsamen Interesse der Staaten muss gewährleistet sein, dass für alle Mitgliedsstaaten nachvollziehbar ist, ob sich die anderen an die vereinbarten Regeln halten. Denn warum sollte sich ein Staat an – möglicherweise Kosten verursachende – Regeln halten, wenn sich die anderen Staaten nicht daran halten? Zudem müssen Regelverstöße sanktioniert werden und somit mit

Kosten für den Verursacher verbunden sein. Schließlich muss sichergestellt sein, dass Staaten, die regelwidrig angegriffen werden, von den anderen Staaten Beistand erfahren und dass insgesamt Bedrohungen des Friedens mit kollektiven Maßnahmen begegnet wird. So kann der Sicherheitsrat nach Kapitel VII der Charta Zwangsmaßnahmen beschließen. Dazu gehören u. a. Sanktionen. Der Sicherheitsrat hat beispielsweise immer wieder Sanktionen gegen den Iran wegen dessen Atomprogramm verhängt, insbesondere Wirtschaftssanktionen, aber auch ein Waffenembargo. Unter Zwangsmaßnahmen fallen aber auch militärische Zwangsmaßnahmen, d. h. die militärische Intervention in ein Land ohne dessen Zustimmung bzw. gegen dessen Willen.

Diese Konstruktion der Vereinten Nationen war auch eine Lehre aus den Erfahrungen mit dem Völkerbund, der – wenn man so möchte – Vorgängerorganisation der Vereinten Nationen. Aus institutionalistischer Sicht wird der Ausbruch von Konflikten mit der Schwäche der bestehenden internationalen Organisationen und mangelnder wechselseitiger Abhängigkeit zwischen den Staaten erklärt. So war der Völkerbund aus institutionalistischer Perspektive eine schwache Organisation. Zum einen war er keine universale Organisation, da wichtige Staaten, allen voran die USA, nicht Mitglied waren. Zum anderen beruhte der Völkerbund nur auf einem partiellen, nicht aber auf einem allgemeinen Gewaltverbot und er verfügte nicht über Zwangsmittel zur Durchsetzung seiner Beschlüsse (Märker und Wagner 2005, S. 5 f.).

Doch das System kollektiver Sicherheit der Vereinten Nationen ist sehr voraussetzungsvoll und funktioniert, wie die Erfahrung gezeigt hat, in der Praxis auch nur eingeschränkt. Dies liegt einerseits an der Struktur der Vereinten Nationen. So sind es die Staaten selbst – und im Rahmen des Sicherheitsrates auch nur einige wenige Staaten, von denen zudem fünf ein verhinderndes Vetorecht haben – die darüber entscheiden, ob zum Beispiel eine Bedrohung des Friedens vorliegt und wenn ja, wie dieser begegnet werden soll. Und es sind dann auch wiederum die Staaten, die diese Entscheidung umsetzen und notwendige Mittel bereitstellen müssen. Ein solches System ist anfällig für ungleiche Entscheidungen bzw. für Selektivität, weil Staaten in ihrer Entscheidung darüber, wer einen Konflikt begonnen hat, gegen wen Sanktionen verhängt werden sollen oder ob sie sich mit (militärischen) Mitteln an internationalen Missionen beteiligen nicht unparteiisch sind und eigene Interessen verfolgen (Gareis und Varwick 2014, S. 89). Somit stellen die Vereinten Nationen ein eingeschränktes System kollektiver Sicherheit dar (Mingst und Karns 2012, S. 100).

Auch aus theoretischer Sicht können die Voraussetzungen eines Systems kollektiver Sicherheit kritisiert werden. So wird aus einer realistischen Perspektive bestritten, dass sich Staaten unter den Bedingungen der Anarchie, d. h. aufgrund des Selbsthilfecharakters des internationalen Systems, den Regeln und Normen internationaler Organisationen unterwerfen, wenn dies ihrem Sicherheitsstreben entgegensteht. Als Beispiel hierfür wird oftmals die Entscheidung der USA und ihrer Verbündeten genannt, trotz Ablehnung eines Mandates durch die Vereinten Nationen 2003 in den Irak einzumarschieren. Solche ad-hoc Bündnisse wie diese „Koalition der Willigen" sind – im Unterschied zu internationalen Organisationen – aus realistischer Sicht das geeignetere Instrument zur Erreichung von Sicherheit für die Staaten. Denn internationale Organisationen werden lediglich als Instrumente von Staaten betrachtet und können daher nur dann zur Wahrung von Frieden und Sicherheit beitragen, wenn dies im Interesse der Staaten liegt. Sie helfen dominanten Staaten, ihre Machtposition zu festigen, können aber nicht entgegen den Interessen mächtiger Staaten handeln und entfalten keine eigene Wirkung auf die Interessen und das Handeln von Staaten. Als Beispiel für die Wirkungslosigkeit internationaler Organisationen wird häufig der Völkerbund genannt. Auch wenn die Gründe für den Zweiten Weltkrieg vielfältig sind, so gelang es dem Völkerbund nicht, dessen Ausbruch zu verhindern und sich bereits im Vorfeld der völkerrechtswidrigen Annexion Abessiniens – eines Mitglieds des Völkerbundes – durch Italien entgegenzustellen, insbesondere weil Frankreich und Großbritannien daran kein Interesse hatten (Krell 2004, S. 148; Zangl und Zürn 2003, S. 29 ff.). Der Völkerbund konnte also die Machtpolitik Italiens und Deutschlands nicht einhegen.

Die Vorzüge eines Systems der kollektiven Sicherheit wie dem der Vereinten Nationen im Vergleich zu solchen ad-hoc Bündnissen wie der „Koalition der Willigen" im Irak-Krieg 2003 liegen nach Sven Gareis und Johannes Varwick in der Bereitstellung von „alternative[n] Formen der Bearbeitung von Streitigkeiten unter Einschaltung von Institutionen, die zwar möglicherweise nicht völlig unparteiisch sind, deren Initiativen und Entscheidungen aber auf Interessenabstimmungen und Kompromissen zwischen sehr unterschiedlichen Mächten beruhen, durch die wiederum Willkür begrenzt wird" (Gareis und Varwick 2014, S. 91). Da jedoch der Sicherheitsrat als oberstes Entscheidungsorgan durch den Ost-West-Konflikt und das Vetorecht einzelner Mitgliedsstaaten blockiert war, konnte das System der kollektiven Sicherheit, so wie es die Charta vorgesehen hatte, in der Praxis nach 1945 nur bedingt umgesetzt werden. Stattdessen entwickelten sich andere Formen zur Konfliktbearbeitung, deren bekanntestes Beispiel die so genannten Blauhelmmissionen sind.

3.1.2 Friedensmissionen

Die Blauhelm-Missionen – benannt nach den blauen Helmen der Soldaten – sind vermutlich das bekannteste Instrument der Vereinten Nationen zur Wahrung und Herstellung von Sicherheit (s. Abb. 3.1). Sie werden vom Sicherheitsrat der Vereinten Nationen autorisiert und setzen sich aus Truppen der Mitgliedsstaaten zusammen, die jene freiwillig entsenden. Blauhelm-Missionen sind jedoch in der Charta der Vereinten Nationen nicht vorgesehen. Ihre Entwicklung zeigt, dass die Friedenssicherung durch

Abb. 3.1 VN-Blauhelme. Gemeinsame Operation des Polizeikontingents der MINUSCA (United Nations Multidimensional Integrated Stabilization Mission in the Central African Republic) und der lokalen Polizei in der Hauptstadt der Zentralafrikanischen Republik, Bangui, Februar 2015. (Copyright: NICA ID: 624250: UN Photo/Nektarios Markogiannis)

die Vereinten Nationen keinem vorab festgelegten Fahrplan folgt, sondern jeweils auch Ergebnis dessen ist, was politisch möglich und durchsetzbar ist. Von 1948 bis November 2015 haben die Vereinten Nationen 71 Friedensmissionen durchgeführt (Vereinte Nationen 2015c).

In der Literatur werden mehrere Generationen von Friedensmissionen unterschieden (s. Tab. 3.1).[2] Die *erste Generation* von Einsätzen, die so genannten traditionellen Blauhelmmissionen,

---

[2] Bei unterschiedlichen Autoren finden sich unterschiedliche Einteilungen, abhängig davon, wonach unterschieden wird. Die hiesige Unterscheidung orientiert sich an einer sehr verbreiteten inhaltlichen Differenzierung der einzelnen Generationen von Friedensmissionen.

Tab. 3.1 4 Generationen von Friedensmissionen. (Eigene Darstellung)

1. Generation	2. Generation	3. Generation	4. Generation
• Kapitel VI • Unparteilichkeit • Einsatz von Waffengewalt nur zur Selbstverteidigung • Zustimmung aller Konfliktparteien		• Kapitel VII • Zustimmung der Konfliktparteien nicht erforderlich	
• Überwachung eines Waffenstillstandsabkommens/ Puffer zwischen Konfliktparteien • Militärbeobachter	• soziale, wirtschaftliche, politische Aufgaben zur Konfliktbearbeitung • ziviles und militärisches Personal	• militärische Zwangsmaßnahmen • u.U. Erzwingung eines Friedens	• exekutive Aufgaben zum Aufbau staatlicher Institutionen
Peacekeeping	*Peacebuilding*	*Peace-enforcement*	*Statebuilding*

fand vor allem während des Kalten Krieges statt; wobei heute noch immer einzelne Missionen dieser Art existieren (s. Tab. 3.2). Diese Generation von Missionen entstand im Kontext von Konflikten zwischen eindeutig bestimmbaren Konfliktparteien, in der Regel waren dies zwei Staaten. Ihre Aufgabe bestand hauptsächlich in der Beobachtung und Überwachung von geschlossenen Waffenstillstands- oder Friedensabkommen. Entsprechend dieser Aufgaben ist im Zusammenhang mit der ersten Generation der Friedensmissionen auch vom klassischen Peace*keeping* die Rede, denn die Blauhelme treten dabei erst in Erscheinung, nachdem eine Situation geschaffen ist, die es zu bewahren gilt; und wenn dies (noch) kein Frieden ist, so doch zumindest ein Waffenstillstandsabkommen. Entsprechend setzt ein solcher Blauhelmeinsatz die Zustimmung der beteiligten Konfliktparteien voraus. Die Blauhelme, bei denen es sich im klassischen Peacekeeping fast ausschließlich um Militärs handelt, dienen dabei teilweise auch als Puffer zwischen den verfeindeten Konfliktparteien. Dies setzt ihre Unparteilichkeit voraus. Der Einsatz von Waffengewalt ist im klassischen Peacekeeping nur zu Zwecken der Selbstverteidigung erlaubt. Ein Beispiel für das klassische Peacekeeping sind die Missionen der Vereinten Nationen auf Zypern. Zunächst sollte die 1964 begonnene UNFICYP-Mission (United Nations Peacekeeping Force in Cyprus) Kampfhandlungen zwischen der griechischen und der türkischen Volksgruppe verhindern. Nachdem die Insel 1974 geteilt und ein Waffenstillstandsabkommen geschlossen wurde, wird dieses bis heute von UNFICYP überwacht (Gareis und Varwick 2014, S. 131 f.).

Ende der 1980er-Jahre entstand mit dem Ende des Ost-West-Konfliktes eine *zweite Generation* von Friedensmissionen. In diese Kategorie fallen zum Beispiel die Missionen in Namibia, Kambodscha, El Salvador und Mosambik. Im Unterschied zur ersten Generation bestand die Herausforderung nicht mehr nur in der Überwachung von Waffenstillstandsabkommen, da es sich oftmals um innerstaatliche und/oder Staatszerfalls- und Staats-

Tab. 3.2 Laufende Friedensmissionen der Vereinten Nationen (Stand: November 2015). (Quelle: Vereinte Nationen 2015c)

Name	Beginn	Personalumfang insgesamt
UNTSO (UN Truce Supervision Organization)	1948	384
UNMOGIP (UN Military Observer Group in India and Pakistan)	1949	114
UNFICYP (UN Peacekeeping Force in Cyprus)	1964	1068
UNDOF (UN Disengagement Observer Force)	1974	945
UNIFIL (UN Interim Force in Lebanon)	1978	11.349
MINURSO (UN Mission for the Referendum in Western Sahara)	1991	474
UNMIK (UN Interim Administration Mission in Kosovo)	1999	365
UNMIL (United Nations Mission in Liberia)	2003	6109
UNOCI (United Nations Operation in Côte d'Ivoire)	2004	7982
MINUSTAH (United Nations Stabilization Mission in Haiti)	2004	6205
UNAMID (African Union-United Nations Hybrid Operation in Darfur)	2007	21.392
MONUSCO (United Nations Organization Stabilization Mission in the Democratic Republic of the Congo)	2010	22.529
UNISFA (United Nations Interim Security Force for Abyei)	2011	4757
UNMISS (United Nations Mission in the Republic of South Sudan)	2011	15.204
MINUSMA (United Nations Multidimensional Integrated Stabilization Mission in Mali)	2013	13.071
MINUSCA (United Nations Multidimensional Integrated Stabilization Mission in the Central African Republic)	2014	12.569

bildungskonflikte handelte. Diese erforderten auch soziale, wirtschaftliche und politische Maßnahmen zur Konfliktbearbeitung. Dazu gehören zum Beispiel die Entwaffnung, Demobilisierung und Reintegration von ehemaligen Kämpfern, die Unterstützung bei Versöhnungsprozessen oder Wahlbeobachtung (Gareis und Varwick 2014, S. 133 f.). Entsprechend umfassten die Missionen nicht mehr nur militärisches, sondern auch ziviles Personal, zum Beispiel Polizeikräfte oder Mitarbeiter anderer VN-Organisationen wie dem Flüchtlingshilfswerk (UNHCR) oder dem Kinderhilfswerk (UNICEF) oder auch NGOs (Mingst und Karns 2012, S. 118).

Ein Beispiel für eine solche Mission der zweiten Generation ist die UNTAG-Mission in Namibia von April 1989 bis März 1990, die das Land aus der Besetzung durch Südafrika in die Unabhängigkeit begleitete. Dabei überwachte UNTAG die Demobilisierung von Kämpfern sowie die Wahlen und UNHCR half zum Beispiel bei der Rückführung von Flüchtlingen (Vereinte Nationen 2015b). Bei diesen Missionen ging es nicht mehr nur um das Peace*keeping*, sondern auch um Peace*building* im Sinne des Aufbaus demokratischer Strukturen. Dem liegt der liberale Gedanke des demokratischen Friedens zugrunde, dass Demokratien untereinander keine Kriege führen. In diesem Kontext ist daher auch vom „liberal (democratic) peace" die Rede. Im Rahmen der zweiten Generation von Friedensmissionen finden diese Aufgaben nach wie vor nach einem geschlossenen Waffenstillstandsabkommen und unter Zustimmung der Konfliktparteien statt (Gareis und Varwick 2014, S. 133 ff.).

Doch die Missionen hatten teilweise mit erheblichen Schwierigkeiten zu kämpfen. In der Realität zeigte sich einerseits, dass in vielen Fällen die Kampfhandlungen trotz Waffenstillstandsabkommen weiter gingen. Andererseits waren viele Konfliktsituationen nicht nur aufgrund der Anforderungen zur Konfliktbearbeitung deutlich komplexer als in der ersten Generation, sondern auch die Anzahl der Konfliktparteien war nun deutlich höher und unübersichtlicher. Es trafen nicht mehr zwei klar bestimmbare Konfliktparteien aufeinander, sondern eine unübersichtliche Anzahl an bewaffneten Akteuren, zum Beispiel Warlords oder Rebellengruppen, waren an den Konflikten beteiligt. Diese hatten an deren Beendigung nicht unbedingt ein Interesse, weil sie von den Konflikten profitierten, zum Beispiel durch die gewaltsame Ausbeutung von Rohstoffen. Für diese Situationen waren die Mandate der Friedenstruppen, die Gewalt nur zur Selbstverteidigung vorsahen, nicht mehr ausreichend. Daher entstand die *dritte Generation* der Friedensmissionen, die mit einem so genannten robusten Mandat ausgestattet waren, das auf Kapitel VII der Charta beruhte und entsprechend militärische Zwangsmittel umfasste (Kühne 2005, S. 27).

Ein Beispiel für diese Art von Missionen ist die UNISOM II Mission in Somalia. Diese war mit einem robusten Mandat und der Befugnis des Einsatzes militärischer Gewalt zur Erzwingung eines Friedens zwischen den Konfliktparteien ausgestattet. Doch die Blauhelme wurden derart in die Kampfhandlungen involviert, dass sie selbst zur Konfliktpartei wurden (Mingst und Karns 2012, S. 120). Dabei wurden nicht nur zahlreiche Blauhelm-Soldaten getötet, sondern die Leichen einiger US-Soldaten auch vor laufenden Fernsehkameras durch die Straßen von Mogadischu geschleift. Dies führte schließlich nicht nur zur Beendigung dieser Mission, sondern senkte auch die Bereitschaft vor allem der USA, aber auch anderer Staaten, sich an derartigen Missionen weiterhin zu beteiligen (Gareis und Varwick 2014, S. 137 f.).

Eine *vierte Generation* von Friedensmissionen findet ebenfalls unter Kapitel VII der Charta statt. Diese Missionen sind mit Mandaten ausgestattet, die den VN-Truppen exekutive Aufgaben zum Aufbau staatlicher Strukturen übertragen und bei denen die VN-Truppen administrative und politische Aufgaben übernahmen. Beispiele hierfür sind die Missionen im Kosovo und in Timor-Leste (Kühne 2005, S. 27).

Eine Beurteilung von Friedensmissionen ist schwierig, weil ein einheitlicher Bewertungsmaßstab fehlt. Erstens sind die Mandate der Missionen, die deren Ziele umfassen, sehr unterschiedlich. Zweitens haben die diversen Akteure – u. a. die Zivilbevölkerung, die truppenstellenden Staaten, die lokalen und nationalen Regierungen, der Sicherheitsrat, das VN-Generalsekretariat – möglicherweise ganz unterschiedliche Erwartungen an eine Friedensmission und entsprechend unterschiedliche Vorstellungen davon, was eine erfolgreiche Mission ausmacht (Mingst und Karns 2012, S. 130). Drittens haben vor allem Studien, die sich mit der Dauer von Frieden nach einer Friedensmission befasst haben, darauf hingewiesen, dass zwischen kurz- und langfristigen Folgen von Friedensmissionen unterschieden werden muss (z. B. Diehl et al. 1996). Viertens können Friedensmissionen auch nicht-intendierte Folgen haben, z. B. sexueller Missbrauch durch Blauhelme (Hebert 2012).

Betrachtet man wissenschaftliche Analysen zum Thema, so fällt die Bewertung der Friedensmissionen gemischt aus (z. B. Mingst und Karns 2012, S. 130 f.; Diehl et al. 1996; Doyle und Sambanis 2006). Dabei wird konstatiert, dass es vielen Missionen der ersten Generation zwar gelang, die Konflikte zu beruhigen, „allerdings oftmals – wie im Fall Zypern – nur um den Preis einer aufwendigen Dauerpräsenz" (Gareis und Varwick 2014, S. 132). Des Weiteren konnten sie nicht die zugrunde liegenden Konflikte lösen (Mingst und Karns 2012, S. 131); was jedoch auch nicht Bestandteil ihres Mandates war. Missionen der zweiten Generation, zum Beispiel in Namibia, Kambodscha, El Salvador und Mosambik, konnten zwar in einigen Bereiche Erfolge verbuchen (Dobbins et al. 2005, S. xvii; Mingst und Karns 2012, S. 131). Doch in deren Verlauf zeigten sich schon einige Schwierigkeiten, die insbesondere die Missionen der dritten Generation vor große Herausforderungen stellten: die sehr zögerliche Bereitstellung von Truppen und deren ungleiche Qualifikation, die unzureichende Ausstattung zur Erfüllung des Mandates, der voreilige Abzug der Friedenstruppen (Dobbins et al. 2005, S. xviii).

Bei den folgenden Einsätzen in so genannten failed states wie zum Beispiel im ehemaligen Jugoslawien und in Ruanda kam als Schwierigkeit hinzu, dass es keinen Frieden gab, den es zu wahren galt. Dennoch waren die Blauhelme in Ruanda nach den negativen Erfahrungen mit der gescheiterten Kapitel VII-Mission in Somalia nicht mit einem robusten Mandat, sondern nur mit einem Mandat zur Friedenswahrung nach Kapitel VI ausgestattet. Dieses war jedoch völlig unzureichend, um den Blauhelmen die notwendigen Mittel zur Verhinderung von Gewalteskalation und Völkermord zu geben (Dobbins et al. 2005, S. xix). Im Falle des ehemaligen Jugoslawien hatte der Sicherheitsrat der Vereinten Nationen die Friedenstruppen in Bosnien zwar mit einem Mandat nach Kapitel VII der Charta ausgestattet, aber sie verfügten nicht über ausreichende logistische, finanzielle und militärische Mittel, um das Mandat auszufüllen. Hierzu fehlte es an politischem Willen. Mit ähnlichen Schwierigkeiten hatten die komplexen Friedensmissionen in Liberia, Sierra Leone, der Elfenbeinküste, Haiti und der Demokratischen Republik Kongo zu kämpfen (Mingst und Karns 2012, S. 121 f.).

Hier zeigt sich ein zugrunde liegendes strukturelles Problem: Der Sicherheitsrat ist zwar für die Erteilung eines Mandates inklusive militärischer Zwangsmaßnahmen zuständig, kann aber die Mitgliedsstaaten nicht zur Bereitstellung entsprechender Mittel zwingen. Da die Vereinten Nationen über keine eigenen Truppen verfügen, sind sie darauf angewiesen, dass ihnen die Mitgliedsstaaten ausreichend qualifiziertes Personal und ausreichend hochwertiges Material zur Verfügung stellen (Mingst und Karns 2012, S. 133 f.). In Bosnien waren die Blauhelme letztlich nicht in der Lage, in den eingerichteten Schutzzonen für die Schutz suchenden Personen Sicherheit bereitzustellen. Entsprechend hart fällt das Urteil aus: „Die Einnahme der UN-Schutzzone Srebrenica durch die bosnischen Serben im Juli 1995 (bei der mindestens 7000 Bosnier, die vergeblich auf den Schutz der Vereinten Nationen vertraut hatten, getötet wurden) wurde zu einem Symbol für das Versagen der UNO in konkreten Konfliktsituationen" (Gareis und Varwick 2014, S. 137).

Insgesamt kommen Karen Mingst und Margaret Karns zu dem Ergebnis, dass es kein einheitliches Rezept für Friedensmissionen gibt, da jede Situation einzigartig sei (Mingst und Karns 2012, S. 133). Doch vor allem lokale Faktoren werden von den internationalen Truppen, so die Kritik, immer wieder nur unzureichend berücksichtigt (Mingst und Karns 2012, S. 133). Deren Kontrolle, dass muss zur Verteidigung der Vereinten Nationen gesagt werden, liegt aber in der Regel außerhalb der Kompetenz der Blauhelme. Damit eine Friedensmission erfolgreich sein kann, bedarf es also zunächst eines der Situation angemessenen Mandates. Des Weiteren müssen die Mitgliedsstaaten der Vereinten Nationen entsprechend ausgebildetes und ausgerüstetes Personal entsenden, um das Mandat ausfüllen zu können. Schließlich gilt jedoch: wenn lokale Kräfte kein Interesse an einem stabilen Frieden haben, dann kann auch eine Friedensmission der Vereinten Nationen diesen nicht herbeiführen.

Wie wird es mit den Friedensmissionen der Vereinten Nationen weitergehen? Diese Frage ist selbstverständlich schwierig zu beantworten. Angesichts der gemischten Ergebnisse gehen Karen Mingst und Margaret Karns davon aus, dass zukünftige Friedensmissionen – zumindest kurz- und mittelfristig – nicht mehr so üppig ausgestattet sein werden wie in den 1990er-Jahren, als sehr viele teils sehr umfangreiche Friedensmissionen mandatiert wurden; alleine in Bosnien hat die internationale Gemeinschaft fünf Milliarden US-Dollar an Hilfsgeldern für vier Millionen Menschen ausgegeben (Mingst und Karns 2012, S. 135).

Die „Debakel" (Doyle und Sambanis 2006, S. 18) der 1990er-Jahre, vor allem in Ruanda und dem ehemaligen Jugoslawien, führten zu einer massiven Kritik an den Vereinten Nationen.

Sie wurden einerseits als „unfähiger Papiertiger" (Gareis und Varwick 2014, S. 137) angesehen, der nicht in der Lage ist, komplexe Friedensmissionen durchzuführen (Gareis und Varwick 2014, S. 138; Mandelbaum 1994). Andererseits lautete vor allem angesichts des Versagens der Vereinten Nationen in Ruanda „der Vorwurf [...], die Industrienationen würden die Vereinten Nationen in selektiver Weise zur eigenen Interessendurchsetzung instrumentalisieren" (Gareis und Varwick 2014, S. 138). Die Kritik an den Friedensmissionen blieb nicht ohne Reaktion in den Vereinten Nationen. Bereits 1992 legte der damalige Generalsekretär Boutros Boutros-Ghali einen Bericht mit dem Titel „Agenda für den Frieden" zur Überarbeitung der Instrumente der Friedenssicherung vor. Im Jahr 2000 beauftragte der Generalsekretär Kofi Annan eine Expertenkommission unter Vorsitz von Lakhdar Brahimi, ehemaliger algerischer Außenminister und späterer Sondergesandter für Syrien, mit einer kritischen Bestandsaufnahme und der Formulierung von konkreten Verbesserungsvorschlägen. Diese wurden im so genannten Brahimi-Report Mitte 2000 veröffentlicht. Dieser forderte unter anderem, dass Friedensmissionen ausreichend ausgestattet und entsprechend ihrer Aufgaben mandatiert sein sollten und schlug eine – nachfolgend auch weitgehend umgesetzte – Umstrukturierung des im Sekretariat der Vereinten Nationen angesiedelten für Friedensmissionen zuständigen Department of Peacekeeping Operations (DPKO) vor.

15 Jahre später wurde der nächste Bericht einer, diesmal von Generalsekretär Ban Ki-moon eingesetzten, Expertenkommission veröffentlicht. Dieser enthält eine Reihe von Vorschlägen und fordert zum Beispiel, wie schon die „Agenda für den Frieden", eine Stärkung der Konfliktprävention. Des Weiteren sprechen sich die Autoren des Berichtes für eine stärkere Zusammenarbeit der Vereinten Nationen mit Regionalorganisationen aus, wobei sie deutlich machen, dass die Vereinten Nationen hierbei die Führungsrolle übernehmen sollten (Vereinte Nationen 2015a). Dies ist

sicherlich als Kritik daran zu verstehen, dass sich einerseits „insbesondere die leistungsfähigen Industriestaaten [...] Friedensmissionen mandatieren lassen, um sie dann in eigener Verantwortung durchzuführen" (Gareis und Varwick 2014, S. 151) was „zu einer Konzentration ihrer Kräfte auf Länder und Regionen, die für die betroffenen Staaten von unmittelbarem Interesse oder von Bedeutung sind", (Gareis und Varwick 2014, S. 151) führt. Andererseits kann dies als Reaktion darauf verstanden werden, dass regionale Organisationen im Bereich der Friedenssicherung wichtiger geworden sind.

Einführungswerke zum Thema Vereinte Nationen

Gareis, Sven Bernhard und Johannes Varwick. 2014. *Die Vereinten Nationen. Aufgaben, Instrumente und Reformen*. 5., überarb. Auflage, Bonn: Bundeszentrale für politische Bildung.

Dieses einführende Lehrbuch, das regelmäßig überarbeitet wird, liefert einen umfassenden und dabei sehr gut verständlichen Überblick über den Aufbau der Vereinten Nationen, ihre Aufgaben und Instrumente in den Bereichen Friedenssicherung, Menschenrechte, Wirtschaft, Entwicklung und Umwelt und diskutiert diesbezügliche Entwicklungen und Reformen. Die Autoren gehen dabei immer wieder auf den historischen und politischen Kontext ein. Am Ende des Buches finden sich zu jedem Kapitel Diskussionsfragen, die die eigenständige kritische Auseinandersetzung mit dem Thema unterstützen sollen, sowie ausgewählte Literatur- und Quellenhinweise. Im Anhang des Buches finden sich zum Beispiel die Charta der Vereinten Nationen sowie eine Übersicht über die Mitgliedsstaaten.

> Scheuermann, Manuela. 2014. *Die Vereinten Nationen. Eine Einführung*. Wiesbaden: Springer VS.

Dieses einführende Lehrbuch legt den Fokus stärker auf einerseits eine Einordnung der Vereinten Nationen in die Internationalen Beziehungen, ihre Konzepte und Theorien und andererseits die ideengeschichtliche sowie historische Einordnung und Entwicklung. Am Ende eines jeden Kapitels werden die wichtigsten Informationen noch einmal knapp zusammengefasst.

> Thakur, Ramesh. 2006. *The United Nations, Peace and Security. From Collective Security to the Responsibility to Protect*. Cambridge: Cambridge University Press.

Im Unterschied zu den vorher genannten Lehrbüchern legt dieses Werk den Fokus auf die Friedenssicherung durch die Vereinten Nationen. Der Autor war stellvertretender Generalsekretär der Vereinten Nationen sowie Mitglied der International Commission on Intervention and State Sovereignty (ICISS) und entsprechend Mitautor des Berichtes der Kommission zur „Responsibility to Protect". Dies erklärt sein umfassendes Wissen über das Innenleben der Vereinten Nationen, mit dem er das Handeln der Organisation im Spannungsfeld zwischen Anspruch und Wirklichkeit mit Blick auf zum Beispiel Effizienz und Legitimität sowie Supranationalität und nationalstaatliche Interessen kritisch diskutiert.

3.2 Regionalorganisationen: Beispiel NATO

Die Zusammenarbeit der Vereinten Nationen mit Regionalorganisationen ist in der VN-Charta als ein „Weg zur Sicherheit" in Kapitel VIII vorgesehen. Dort heißt es in Artikel 52:

> (1) Diese Charta schließt das Bestehen regionaler Abmachungen oder Einrichtungen zur Behandlung derjenigen die Wahrung des Weltfriedens und der internationalen Sicherheit betreffenden Angelegenheiten nicht aus, bei denen Maßnahmen regionaler Art angebracht sind; Voraussetzung hierfür ist, daß diese Abmachungen oder Einrichtungen und ihr Wirken mit den Zielen und Grundsätzen der Vereinten Nationen vereinbar sind.

Im Folgenden wird anhand der North Atlantic Treaty Organization (NATO) diskutiert, welches Sicherheitsverständnis und welche Aufgaben die Organisation im Vergleich zu den VN hat, was der Unterschied zwischen einem System kollektiver Sicherheit und einem System kollektiver Verteidigung ist und wie die NATO auf Veränderungen in ihrem sicherheitspolitischen Umfeld reagiert.

Dabei sollen folgende Fragen beantwortet werden:

- Welche Art von Sicherheitsorganisation ist die NATO?
- In welcher Beziehung steht die NATO zu den Vereinten Nationen?
- Welche Sicherheitsaufgaben hat die NATO?
- Wie können die Rolle und die Entwicklung der NATO theoretisch erklärt werden?

3.2.1 Die Gründung der NATO als Bündnis kollektiver Verteidigung

Die NATO wurde nach dem Ende des Zweiten Weltkrieges 1949 als kollektives Verteidigungsbündnis gegründet. Gründungsmitglieder waren Belgien, Dänemark, Frankreich, Island, Italien, Kanada, Luxemburg, die Niederlande, Norwegen, Portugal, das Vereinigte Königreich und die Vereinigten Staaten. In den 1950er-Jahren traten Griechenland, die Türkei und die Bundesrepublik Deutschland bei und 1982 wurde Spanien Mitglied der NATO. Im März 1999 traten Polen, Tschechien und Ungarn der NATO bei, im März 2004 Bulgarien, Rumänien, die Slowakei und Slowenien sowie die drei baltischen Staaten Estland, Lettland und Litauen. Im April 2009 kamen Albanien und Kroatien hinzu. Weitere Staaten möchten der NATO beitreten, darunter Georgien und die Ukraine. Kern des Verteidigungsbündnisses ist es, im Falle eines Angriffes gegen eines der Mitgliedsländer diesem militärischen Beistand zu leisten. Dieser so genannte Bündnisfall wurde bislang nur einmal ausgerufen und zwar nach den Anschlägen vom 11. September 2001. Daraufhin wurde die Mission Operation Active Endeavor ins Leben gerufen, im Rahmen derer die NATO im Mittelmeer patrouilliert und den Schiffsverkehr kontrolliert, um terroristische Aktivitäten zu stoppen. Die Grundlagen für den Bündnisfall sind in Artikel fünf des NATO-Vertrages festgelegt:

> Die Parteien vereinbaren, daß ein bewaffneter Angriff gegen eine oder mehrere von ihnen in Europa oder Nordamerika als ein Angriff gegen sie alle angesehen werden wird; sie vereinbaren daher, daß im Falle eines solchen bewaffneten Angriffs jede von ihnen in Ausübung des in Artikel 51 der Satzung der Vereinten Nationen anerkannten Rechts

> der individuellen oder kollektiven Selbstverteidigung der Partei oder den Parteien, die angegriffen werden, Beistand leistet, indem jede von ihnen unverzüglich für sich und im Zusammenwirken mit den anderen Parteien die Maßnahmen, einschließlich der Anwendung von Waffengewalt, trifft, die sie für erforderlich erachtet, um die Sicherheit des nordatlantischen Gebiets wiederherzustellen und zu erhalten (NATO 1949, Art. 5).

Darin wird auf die Charta der Vereinten Nationen verwiesen, um die Rechtmäßigkeit der kollektiven Verteidigung hervorzuheben. Im Weiteren Verlauf des Artikel 5 wird dann der Vorrang des Sicherheitsrates vor der NATO betont:

> Von jedem bewaffneten Angriff und allen daraufhin getroffenen Gegenmaßnahmen ist unverzüglich dem Sicherheitsrat Mitteilung zu machen. Die Maßnahmen sind einzustellen, sobald der Sicherheitsrat diejenigen Schritte unternommen hat, die notwendig sind, um den internationalen Frieden und die internationale Sicherheit wiederherzustellen und zu erhalten (Art. 5 NATO-Vertrag).

Während des Kalten Krieges diente die NATO entsprechend ihrer ursprünglichen Bestimmung den Mitgliedsstaaten zur Abschreckung der Staaten des Ostblocks, insbesondere durch Nuklearwaffen und diese tragende Raketenflugkörper. Ein Beispiel hierfür ist der so genannte NATO-Doppelbeschluss. Er sah einerseits Abrüstungsverhandlungen mit der Sowjetunion vor, aber andererseits auch die Stationierung von atomaren Mittelstreckenraketen vom Typ Pershing II in Westeuropa. Aus realistischer Sicht können NATO und Warschauer Pakt als Allianzen im Sinne eines Machtgleichgewichts verstanden werden. Doch warum sollten Staaten in einem Selbsthilfesystem im Rahmen von internationalen Organisationen miteinander kooperieren, wenn Kooperation doch Abhängigkeiten schafft und somit zu Verwundbarkeiten führt; etwas, das aus realistischer Perspektive zum Zwecke der eigenen Sicherheit so weit wie möglich verhindert werden sollte? Dass Kooperation dennoch stattfindet, kann mittels Theorien hegemonialer Stabilität erklärt werden. Aus dieser Perspektive, die auch im Einklang mit den Positionen vieler Realisten steht, ermöglichen Hegemonen die Kooperation in Sicherheitsfragen zwischen Staaten, weil sie entweder aufgrund ihrer militärischen Stärke Sicherheit als öffentliches Gut für die anderen Mitgliedsstaaten bereitstellen oder durch die Androhung von Sanktionen die anderen Mitgliedsstaaten zur Kooperation anhalten. Die NATO wird oft als Beispiel für eine hegemoniale Organisation angesehen. Sie kann aus dieser Perspektive nicht nur als Sicherheitsgarant Europas vor außereuropäischen Bedrohungen, sondern auch vor innereuropäischen Feindseligkeiten angesehen werden.[3]

Aus konstruktivistischer Sicht geht die NATO jedoch nicht (nur) auf gemeinsame Bedrohungen von Staaten oder gesellschaftliche Interessen auf nationaler Ebene zurück, sondern vor allem auf geteilte Ideen, Weltbilder und Wertvorstellungen der Mitgliedsstaaten. Dieser Sichtweise zufolge stellt die NATO eine Sicherheitsgemeinschaft liberaler Demokratien dar (siehe Kap. 2). Deren demokratische Prinzipien und Entscheidungsverfahren entsprechen denen auf nationaler Ebene und werden von den Mitgliedsstaaten daher als angemessen angesehen (Risse-Kappen 1996).

---

[3] Für eine kritische Betrachtung dieses Befundes siehe Matthias Dembinski (2006).

> **Zurzeit ist die NATO an mehreren Missionen beteiligt, von denen die Folgenden als die wichtigsten gelten können:**
>
> - Die seit Januar 2015 durchgeführte ISAF-Nachfolgemission *Resolute Support Mission* (RSM) in Afghanistan hat folgende zentrale Aufgaben: Ausbildung, Beratung und Unterstützung der afghanischen Streitkräfte in den Bereichen „multi-year budgeting; transparency, accountability and oversight; civilian oversight of the Afghan Security Institutions; force generation; force sustainment; strategy and policy planning, resourcing and execution; intelligence; and strategic communications" (NATO 2015a, S. 1).
> - Die nach dem Ende des Militäreinsatzes im Kosovo 1999 eingesetzte *Kosovo Force* (KFOR) hat zur Aufgabe, gemeinsam mit UN, EU, OSZE „ein multi-ethnisches, friedliches, rechtsstaatliches und demokratisches Umfeld mit aufzubauen und dies militärisch abzusichern" (Bundeswehr 2015). Doch seit 2008 geht es vorranging darum, in enger Kooperation mit lokalen Akteuren und anderen internationalen Organisationen „die Entwicklung von professionellen, demokratischen und multiethnischen Sicherheitsstrukturen [zu] überwachen" (Bundeswehr 2015).
> - Die Operation *Active Endeavour* (OAE) ist ein Antiterroreinsatz der NATO im Mittelmeer, der als Reaktion auf die Anschläge des 11. September 2001 entstand (Ständige Vertretung 2015).
> - Die Operation *Ocean Shield* hat zum Ziel, in enger Zusammenarbeit mit der EU-Operation Atalanta, Handelsschiffe vor der Küste Somalias vor Piraterie zu schützen. Dies schließt den Einsatz von Schiffen und Helikoptern sowie das Training staatlicher Sicherheitskräfte in der Region ein (NATO 2015b).

3.2.2 Die Weiterentwicklung der NATO nach dem Ende des Ost-West-Konfliktes: Auf dem Weg zu einem kollektiven Sicherheitsbündnis?

Nach dem Ende des Ost-West-Konfliktes wurde die NATO einerseits erweitert und andererseits erfuhr sie eine strategische Neuausrichtung. Bislang gab es drei Erweiterungen der

NATO (s. Abschn. 3.2.1). Mit Blick auf ihre Sicherheitsstrategie hat die NATO nach dem Ende des Ost-West-Konfliktes Aufgaben übernommen, die über die konkrete Territorialverteidigung hinausgehen und so genannte „out-of-area-Einsätze" einschließen, d. h. Einsätze außerhalb des Bündnisgebietes, zum Beispiel Anfang und Mitte der 1990er-Jahre in Bosnien. Vor diesem Hintergrund gab sich die NATO 1999 ein neues strategisches Konzept. Darin wird auch die Möglichkeit militärischer Einsätze, die nicht unter Kap. 5 fallen, also keinen Angriff auf ein Mitgliedsland voraussetzen, aufgenommen. Ziel solcher Einsätze soll es sein, Konflikte einzudämmen oder sogar zu verhindern (NATO 1999, Ziffer 31). 2010 haben die Staats- und Regierungschefs der NATO-Mitgliedsstaaten in Lissabon das derzeit gültige strategische Konzept verabschiedet, das den Namen „Aktives Engagement, moderne Verteidigung" trägt (NATO 2010). Darin bekennt sich die NATO einerseits zur traditionellen Bündnisverteidigung, erkennt aber andererseits auch die Notwendigkeit an, gegebenenfalls militärische Einsätze zur Prävention und Bearbeitung von Konflikten sowie zur Stabilisierung nach Konflikten auch außerhalb des NATO-Territoriums durchzuführen. Daher spricht Johannes Varwick auch von einer „Sowohl-als-auch-Allianz" (Varwick 2010, S. 29), die einerseits ein kollektives Verteidigungsbündnis ist, andererseits aber auch Aufgaben „internationaler Krisenbeherrschung" (Varwick 2009, S. 8) im Sinne eines kollektiven Sicherheitsbündnisses übernimmt.

Die Frage, ob die NATO „nur" ein kollektives Verteidigungsbündnis sei oder auch ein System kollektiver Sicherheit wie die Vereinten Nationen, ist jedoch weder unumstritten noch rein rhetorisch, sondern – zumindest mit Blick auf Deutschland – auch eine rechtliche, weil sie Auslandseinsätze der Bundeswehr betrifft. Sie beschäftigte in Deutschland auch das Bundesverfassungsgericht, das 1994 darüber entscheiden musste, ob der Einsatz von Bundeswehrsoldaten auch außerhalb des NATO-Territoriums rechtmäßig sei. In dem entsprechenden so genannten „out-of-area-Urteil" sieht das Bundesverfassungsgericht in solchen Einsätzen keinen Verstoß gegen das Grundgesetz, fordert aber eine vorherige Zustimmung des Bundestages (Parlamentsvorbehalt). In der Begründung berufen sich die Richter auf Art. 24 Abs. 2 des Grundgesetzes, wonach die Bundeswehr nicht nur zur Landesverteidigung (Art. 87a GG), sondern auch aufgrund der Zugehörigkeit der Bundesrepublik zu einem System kollektiver Sicherheit militärische Einsätze durchführen könne, „die im Rahmen und nach den Regeln dieses Systems stattfinden" (BVerfGE 1994, S. 286). Die Richter stufen dabei die NATO nicht nur als ein System kollektiver Verteidigung, sondern auch als ein System kollektiver Sicherheit ein.

Dieses Urteil wurde kritisiert, unter anderem von Dieter Deiseroth, Richter am Bundesverwaltungsgericht, aufgrund der darin enthaltenen Gleichsetzung beider Systeme. Deiseroth weist auf die Differenzen zwischen einem System kollektiver Verteidigung und einem System kollektiver Sicherheit hin. Im Unterschied zu den Vereinten Nationen als System kollektiver Sicherheit, das auf die *Sicherheit aller* Staaten bzw. aller Völker ausgerichtet ist, zielt ein System kollektiver Verteidigung auf die Verteidigung der *Sicherheit eines Staates* durch diesen selbst und durch die mit ihm in einer militärischen Allianz verbundenen Partner ab.

> Das Grundkonzept von Verteidigungsbündnissen basiert auf Sicherheit durch eigene Stärke und die Stärke der eigenen Verbündeten. [...] Die Grundkonzeption kollektiver Sicherheit basiert hingegen auf der Sicherheit aller potenziellen Gegner durch die Reziprozität innerhalb einer internationalen Rechtsordnung. Es verankert die eigene Sicherheit also gerade nicht in der relativen Schwäche und Unterlegenheit des potenziellen Gegners, sondern in der gemeinsamen Sicherheit. Dem liegt die Vorstellung zugrunde, dass die eigene Sicherheit zugleich auf der Sicherheit des potenziellen Gegners beruht (Deiseroth 2009).

Entsprechend sind in einem Verteidigungsbündnis wie der NATO potentielle Gegner nicht nur von der Mitgliedschaft ausgeschlossen, sondern ein solches Bündnis ist explizit ein Bündnis gegen potentielle Gegner (Deiseroth 2009). Dieses Verständnis zeigt sich auch an der Osterweiterung der NATO und den Debatten über eine Raketenabwehr und die Stationierung entsprechender Abwehrsysteme in Osteuropa, wobei es vor allem den osteuropäischen Staaten um eine Sicherheit *vor* und nicht *mit* Russland geht (Deiseroth 2009). Ein weiterer Unterschied zwischen der NATO und den Vereinten Nationen als System kollektiver Sicherheit ist, dass Erstere über „keine verbindlichen internen Konfliktregelungsmechanismen" (Deiseroth 2009) verfügt. So stellt Deiseroth mit Blick auf den NATO-Vertrag fest: „Eine NATO-interne Verpflichtung der übrigen NATO-Partner, einem NATO-Verbündeten, der gegen das Gewaltverbot verstößt, mit kollektiven NATO-Zwangsmaßnahmen entgegen zu treten, sieht er gerade nicht vor" (Deiseroth 2009). Andere Autoren argumentieren hingegen, dass sich die NATO nach Wegfall des Ost-West-Konfliktes und angesichts einer nunmehr diffusen Bedrohungslage „zu einem Modell eines kollektiven Sicherheitssystems um das Defensivbündnis annähern" und „Instrument der internationalen Krisenbeherrschung" werden müsse, „um weiterhin an der internationalen Sicherheitspolitik teilnehmen zu können" (Rühl 2000, S. 521).

Das Spannungsverhältnis zwischen Verteidigungs- und Sicherheitsbündnis wird auch bei einem Blick auf das Sicherheitsverständnis, das sich im aktuellen strategischen Konzept wiederfindet, deutlich. Geschützt werden sollen das Gebiet und die Bevölkerungen der NATO-Staaten (NATO 2010, S. 2) und folgende Werte: die Freiheit des Einzelnen, die Demokratie, die Menschenrechte und die Rechtsstaatlichkeit (NATO 2010, S. 2). Darüber hinaus sollen der weltweite Wohlstand und Stabilität, der Welthandel und die Energiesicherheit und entsprechend „lebenswichtige[.] Kommunikations-, Transport- und Transitwege" (NATO 2010, S. 4) geschützt werden.

Folgende Bedrohungen werden identifiziert:

(1) militärische Bedrohungen, inklusive der „Verbreitung ballistischer Flugkörper [...], von Kernwaffen und anderen Massenvernichtungswaffen" (NATO 2010, S. 3),
(2) „Extremismus, Terrorismus und länderübergreifende illegale Aktivitäten wie Waffen-, Drogen- und Menschenhandel" (NATO 2010, S. 3) sowie Piraterie (NATO 2010, S. 10),
(3) „Angriffe auf Computernetze" (NATO 2010, S. 3) sowie
(4) „Erhebliche Beschränkungen in Bezug auf die Umwelt und Ressourcen, darunter Gesundheitsrisiken, Klimawandel, Wasserknappheit und steigender Energiebedarf" (NATO 2010, S. 4).

Der darin enthaltene „globale Handlungsanspruch" (Giegerich 2012, S. 40) zeigt sich auch in den drei Aufgaben, mit denen die NATO diesen Bedrohungen begegnen möchte:

(1) Kollektive Verteidigung: Diese beinhaltet kollektive Maßnahmen zur Abschreckung und Verteidigung der unterschiedlichsten Art – inklusive Nuklearwaffen – um die NATO-Mitgliedsstaaten vor den vielfältigen oben genannten Bedrohungen, inklusive Computerkriminalität und Terrorismus, zu schützen.
(2) Krisenbewältigung: Unter diesem Punkt betont die NATO ihre Bereitschaft zur Prävention und Bearbeitung von Konflikten sowie zur Stabilisierung nach Konflikten auch außerhalb des NATO-Territoriums. Dies umfasst auch zivile Mittel der Konfliktbearbeitung.
(3) Kooperative Sicherheit: Darunter fällt sowohl das Bekenntnis zur Förderung der Rüstungskontrolle und Abrüstung als auch

zur Erweiterung des Bündnisses um weitere demokratisch verfasste europäische Staaten und zur Partnerschaft mit anderen internationalen Regierungsorganisationen, interessierten Staaten und insbesondere mit Russland.

Das darin enthaltene sehr breite Aufgabenspektrum für die NATO macht nach Ansicht von Johannes Varwick „die Allianz in gewisser Weise noch stärker zur Projektionsfläche unterschiedlicher Erwartungen und Interessen seitens ihrer Mitglieder" (Varwick 2010, S. 29). Nicht alle Mitgliedsstaaten haben die gleichen Vorstellungen davon, welche Bedrohungen und Risiken derart gefährlich sind, dass sie ein Eingreifen erfordern (Varwick 2010, S. 25 f.). Entsprechend ist die strategische Ausrichtung der NATO auf eine über die traditionelle Kernaufgabe der Territorialverteidigung hinausgehende Allianz zum Kampf gegen vielfältige Bedrohungen und Risiken, inklusive der Bekämpfung des Terrorismus, zwischen den NATO-Mitgliedsstaaten nicht unumstritten und birgt Konfliktpotential zwischen den Mitgliedern. Besonders deutlich wurden die Differenzen mit Blick auf den Irak. Allen voran Deutschland und Frankreich verweigerten den USA die Unterstützung, wobei insbesondere im Falle Deutschlands sicherlich auch innenpolitische Gründe eine Rolle spielten. Der US-Verteidigungsminister Donald Rumsfeld bezeichnete Deutschland und Frankreich infolgedessen als „altes Europa", dessen Bedeutung abnehme. Er lobte hingegen ausdrücklich das Engagement des „neuen" Europas im Irakkrieg, womit u. a. Polen, Rumänien und Albanien gemeint waren.

Die Frage *Sicherheit vor was?* beeinflusst auch die Frage *Sicherheit mit welchen Mitteln?* Während die NATO seit dem Ende des Kalten Krieges und nach dem 11. September vor allem Missionen zur Stabilisierung und zum Wiederaufbau (z. B. Afghanistan und Kosovo) und zum Antiterrorkampf (z. B. Mittelmeer) durchgeführt hatte, war die Territorialverteidigung in den Hintergrund getreten. Der aktuelle Konflikt in der Ukraine zeigt, dass die Territorialverteidigung keinesfalls eine obsolete Aufgabe der NATO ist, denn vor allem die baltischen Staaten fühlen sich (bereits vor dem Ukraine-Konflikt, aufgrund ihrer Vergangenheit und der geographischen Nähe) in ihrer Sicherheit durch Russland bedroht. Daher bekräftigten die NATO und auch einzelne Mitgliedsstaaten seit Ausbruch der Ukraine-Krise immer wieder, wie die deutsche Bundesministerin der Verteidigung Ursula von der Leyen, die „Solidarität des nordatlantischen Bündnisses" (Ursula von der Leyen zitiert in BMVg 2015).

Auf ihrem Gipfel in Wales im September 2014 haben die Staats- und Regierungschefs der NATO daher auch einen Aktionsplan zur Reaktionsfähigkeit beschlossen, um auf den bewaffneten Konflikt in der Ukraine zu reagieren. Dieser umfasst auch den Aufbau einer auch Speerspitze genannten Very High Readiness Joint Task Force (VJTF) im Rahmen der bereits bestehenden NATO Response Force (NRF), die auch schnelle Eingreiftruppe genannt wird. Die VJTF, so heißt es in der Gipfelerklärung von Wales „wird in der Lage sein, innerhalb weniger Tage disloziert zu werden, um auf Herausforderungen zu reagieren, die insbesondere an der Peripherie der NATO entstehen" (NATO 2014, S. 3). Des Weiteren wurde beschlossen, die Zahl an Kampfflugzeugen zur Luftraumüberwachung in den drei baltischen Staaten Estland, Lettland und Litauen von vier auf 16 zu erhöhen und die Militärmanöver des Bündnisses in Osteuropa auszuweiten (BMVg 2015).

Dabei wird deutlich, dass die Landes- und Bündnisverteidigung wieder ins Zentrum der Aufgaben der NATO rückt. So heißt es in der Erklärung von Wales: „Wir werden [...] sicherstellen, dass die Streitkräfte unseres Bündnisses die angemessene Reaktionsfähigkeit und Kohärenz wahren, die erforderlich ist, um die ganze Bandbreite der Aufträge der NATO zu erfüllen, einschließlich der Abschreckung von Aggressionen gegenüber NATO-Bündnispartnern und der Demonstration von Bereitschaft zur Verteidigung des Bündnisgebiets" (NATO 2014, S. 3).

Entsprechend betonte der NATO-Oberbefehlshaber Philip M. Breedlove, ein US-amerikanischer General, im Januar 2015 in der Wochenzeitung *Die Zeit* angesichts des Konfliktes in der Ukraine die Notwendigkeit für die NATO „die Kernfähigkeit der kollektiven Verteidigung zurück[zu]gewinnen [...] Schon vor Russlands Vorgehen in der Ukraine wussten wir, dass wir mit der Organisation und dem Training beginnen müssen, um einige der Fähigkeiten wiederzugewinnen, die bei uns in all den Jahren der Aufstandsbekämpfung möglicherweise ein wenig geschwunden sind" (Breedlove 2015).

Wie kann jedoch der Fortbestand der NATO nach Ende des Kalten Krieges erklärt werden, wenn mit dem Zusammenbruch der Sowjetunion auch die Bedrohung, die einst zur Gründung der NATO führte, weggefallen ist? Aus realistischer Sicht gingen Autoren zunächst tatsächlich davon aus, dass die NATO nach dem Zusammenbruch der Sowjetunion an Bedeutung verlieren würde. Doch dies war nicht der Fall. Im Gegenteil, die USA blieben weiterhin militärisch in Europa präsent und die NATO wurde erweitert. John Mearsheimer, ein prominenter Vertreter der realistischen Denkschule, erklärt dies mit dem eigennützigen Ziel der USA, in Europa weiterhin für Frieden, Stabilität und Sicherheit zu sorgen. Die Präsenz der USA im Rahmen der NATO befriede die Beziehungen zwischen den europäischen Staaten dauerhaft, zum Beispiel zwischen den ehemaligen Erbfeinden Frankreich und Deutschland. Die Präsenz der USA in Europa bedeute weiterhin,

> dass kaum Chancen bestehen, dass zwei Staaten innerhalb der NATO gegeneinander Krieg führen, einfach weil die Vereinigten Staaten das nicht tolerieren würden. [...] Dass sich die NATO weit nach Osten ausdehnte, bedeutet nicht [sic!] anderes, als dass ein riesiger Teil Europas durch „Uncle Sam's" Präsenz pazifiziert wurde. Die Vereinigten Staaten erhöhen die europäische Stabilität zudem noch auf eine andere Art. Sie spannen ihren Sicherheitsschirm über alle Nato-Staaten,

> was bedeutet, dass Länder wie Deutschland und Polen sich wegen einer Gefahr, die vielleicht von nicht der NATO angehörenden Staaten wie Russland ausgeht, keine Sorgen machen müssen. [...] Kurz gesagt, die Vereinigten Staaten schützen die NATO-Länder voreinander und vor ernsten Gefahren, die ihnen von außen drohen (Mearsheimer 2009, S. 521).

Dies entspricht der Auffassung, die USA könnten für hegemoniale Stabilität sorgen.

Aus institutionalistischer Perspektive kann argumentiert werden, dass internationale Organisationen im Allgemeinen und somit auch die NATO in der Lage sind, sich neuen Situationen anzupassen und sich dabei auch zu transformieren, denn es ist immer einfacher, eine bestehende Organisation und ihre bereits etablierten Strukturen und Prozesse anzupassen als eine neue Organisation zu gründen. Der NATO gelang es entsprechend auch nach Ende des Ost-West-Konfliktes, die sicherheitspolitischen Interessen ihrer Mitgliedsstaaten zu bedienen, so dass diese weiterhin einen Vorteil in der Kooperation sahen. Aus konstruktivistischer Perspektive hängen die Mitgliedschaft der NATO und ihre Aufgaben von den wahrgenommenen Bedrohungen ab. So konnte die Osterweiterung der NATO erfolgen, weil die osteuropäischen Staaten die gemeinsamen Werte der westlichen Sicherheitsgemeinschaft übernommen haben. Sie wurden somit nicht mehr als eine Bedrohung im Sinne von „othering" wahrgenommen, sondern als Teil der westlichen Wertegemeinschaft (Risse-Kappen 1996, S. 396). Dieses Beispiel weist auf die Bedeutung von Normen für Sicherheit hin.

Einführende Literatur zur NATO

> Varwick, Johannes. 2008. *Die NATO: Vom Verteidigungsbündnis zur Weltpolizei?* München: Beck.

Dieses Buch eignet sich sehr gut als Einstieg zum Studium der NATO. Es gibt zunächst einen Überblick über die Gründung der NATO und zeichnet dann die einzelnen Etappen ihrer Entwicklung nach, bevor Struktur, Aufbau und Funktionsweise der Organisation dargestellt werden. Des Weiteren wird die Entwicklung der NATO nach dem Ende des Ost-West-Konfliktes diskutiert.

> Giegerich, Bastian. 2012. *Die NATO*. Wiesbaden: Springer. Reihe Elemente der Politik.

Auch dieses Buch eignet sich sehr gut zum Einstieg ins Thema. Hier werden neben Aufbau, Funktionsweise, Gründung und strategischer Entwicklung seit dem Ende des Ost-West-Konfliktes einzelne Einsätze der NATO, Partnerschaften u. a. mit anderen internationalen Organisationen sowie theoretische Erklärungen für den Wandel der NATO besprochen.

4

Wege zur Sicherheit II: Normative Ebene

Das Handeln von Sicherheitsakteuren wie den Vereinten Nationen und der NATO ist eingebettet in Strukturen, wozu auch Normen gehören. Dieses Kapitel betrachtet daher Veränderungen auf normativer Ebene, die sicherheitspolitischen Entwicklungen zugrunde liegen. Seit Beginn der 1990er-Jahre wird Normen eine zunehmende Bedeutung in den Internationalen Beziehungen eingeräumt. Vor allem konstruktivistische Arbeiten befassen sich mit der Entstehung und der Wirkung von Normen. Sie gehen von einer „Logik der Angemessenheit" aus, wonach Normen durch Sozialisation internalisiert werden. Entsprechend haben Normen nicht nur – wie aus institutionalistischer Perspektive – eine regulative, sondern auch eine konstitutive Wirkung und bestimmen somit sowohl Interessen als auch Identitäten von Akteuren. Normen können demnach definiert werden als kollektive Standards angemessenen Verhaltens auf der Grundlage gegebener Identitäten (Katzenstein 1996, S. 5). Demgegenüber gehen institutionalistische Ansätze aus einer rationalen Perspektive von einer Logik instrumentellen Handelns aus, die auf Kosten-Nutzen-Kalkülen beruht, wobei Akteure dann eine Norm befolgen, wenn dies mit geringeren Kosten verbunden ist als eine Nichtbefolgung der Norm. In diesem Falle haben Normen nur eine regulierende Wirkung auf das Verhalten von Akteuren, beeinflussen aber weder deren Interessen noch Identität.

Mit Blick auf Normen im Sicherheitsbereich hat es seit Ende des Kalten Krieges einige Wandlungsprozesse gegeben. Während zu Zeiten des Kalten Krieges sowohl in der (Sicherheits-)Poli-

© Springer Fachmedien Wiesbaden 2017
A. Schneiker, *Sicherheit in den Internationalen Beziehungen*, Elemente der Politik,
DOI 10.1007/978-3-658-13576-8_4

tik, als auch der Wissenschaft ein staatszentriertes Sicherheitsverständnis vorherrschte, hat sich spätestens ab der Jahrtausendwende ein solches Sicherheitsverständnis etabliert, das Individuen in den Vordergrund stellt. Dieses wird auch menschliche Sicherheit (Human Security) genannt (Abschn. 4.1). Den Wandel des Sicherheitsverständnisses nachzuvollziehen, ist notwendig, um zum Beispiel die Rechtfertigung humanitärer Interventionen mit einer Schutzverantwortung (Responsibility to Protect) zu verstehen (Abschn. 4.2). Ein Sicherheitsverständnis, das den Fokus auf Individuen legt, ist auch grundlegend für die Annahme, dass Frauen und Männer auf unterschiedliche Art und Weise von Unsicherheit betroffen sind, mit Unsicherheit umgehen und zur Überwindung von Gewalt und Kriegen beitragen können (Abschn. 4.3).

4.1 Human Security

Ausgehend davon, dass Konflikte weniger *zwischen* Staaten als vielmehr *innerhalb* von Staaten stattfinden (werden), geht das Umweltprogramm der Vereinten Nationen (United Nations Development Programme – UNDP) im Weltentwicklungsbericht von 1994 davon aus, dass es auf der Welt keinen Frieden geben kann, solange Menschen in ihrem Alltag keine Sicherheit haben (UNDP 1994, S. 1). Darauf aufbauend wird eine Vorstellung von menschlicher Sicherheit formuliert, die für die weitere politische und wissenschaftliche Debatte maßgeblich war und ist. Im Folgenden werden unterschiedliche Verständnisse von menschlicher Sicherheit und Kritik an dem Konzept vorgestellt sowie beispielhaft erläutert, wie menschliche Sicherheit in politische Programme einfließt. Dabei sollen folgende Fragen beantwortet werden:

- Welche Verschiebungen ergeben sich in der Referenzdimension (*Sicherheit für wen oder was?*), der Gefahrendimension (*Si-

cherheit vor was?) und der Sachdimension (*Sicherheit mit welchen Mitteln?*) im Zuge des Wandels des Sicherheitsverständnisses?
• Welche Auswirkungen hat der Wandel des Sicherheitsverständnisses auf die politische Praxis?

4.1.1 Unterschiedliche Verständnisse von Human Security

Die Debatte um menschliche Sicherheit wurde durch den Weltentwicklungsbericht des UNDP 1994 angestoßen. Für die Debatte in der deutschen Politikwissenschaft sind vor allem die Beiträge aus dem Institut für Entwicklung und Frieden (INEF) der Universität Duisburg-Essen prägend (z. B. Debiel und Werthes 2005; Ulbert und Werthes 2008).

Es existiert kein einheitliches Verständnis von menschlicher Sicherheit, sondern es können mindestens drei Verständnisse unterschieden werden. Ihnen allen ist gemein, dass nicht mehr der Staat das Referenzobjekt (*Sicherheit für wen?*) ist, sondern das Individuum. Nach einem engen Verständnis bedeutet menschliche Sicherheit die Abwesenheit von Gewalt, insbesondere im Kontext bewaffneter Konflikte. Dies wird auch als *freedom from fear* oder Freiheit von Furcht bezeichnet. Die Frage *Sicherheit vor was?* kann daher aus dieser Perspektive mit Sicherheit vor physischer und psychischer Gewalt beantwortet werden. Nach einem weiten Verständnis, das dem des UNDP entspricht (UNDP 1994), bedeutet menschliche Sicherheit sowohl *freedom from fear* als auch *freedom from want*, was als Freiheit von Not übersetzt werden kann und womit die „Befriedigung sozioökonomischer Grundbedürfnisse" (Debiel und Werthes 2005, S. 9 f.) zur Entwicklung des Individuums gemeint ist. Somit kann die Frage *Sicherheit vor was?* mit Sicherheit vor solchen Gefahren, die ein selbstbestimmtes Leben in Freiheit und eine Entfaltung des Individuums nach seinen Möglichkeiten und Interessen bedrohen, beantwortet werden. In diesem Sinne halten „Themen einer entwicklungspolitische Agenda" (Ulbert und Werthes 2008, S. 16) Einzug in Sicherheitskonzepte. Dem liegt die Vorstellung zugrunde, dass Entwicklung ohne Sicherheit nicht nachhaltig sein kann und dass Sicherheit und Stabilität von Gesellschaften nur dauerhaft möglich sind, wenn die einzelnen Mitglieder der Gesellschaft nicht täglich um ihr (Über-)Leben fürchten und kämpfen müssen (UNDP 1994; Ulbert und Werthes 2008, S. 16). „Entwicklung und Sicherheit bedingen sich demnach gegenseitig." (Ulbert und Werthes 2008, S. 16). Dieser Zusammenhang wird auch als Development-Security Nexus bezeichnet. Die Frage *Sicherheit mit welchen Mitteln?* kann also mit Sicherheit mit politischen, wirtschaftlichen, ökologischen, humanitären, sozialen und militärischen Mitteln beantwortet werden. Auf internationaler Ebene können Kanada und Japan als die beiden Hauptförderer des Konzeptes der menschlichen Sicherheit angesehen werden, wobei Kanada als Vertreter eines engen und Japan als Vertreter eines weiten Verständnisses menschlicher Sicherheit angesehen werden.

Zusätzlich zu diesen beiden Varianten von menschlicher Sicherheit kann eine dritte, rechtsbasierte, Variante identifiziert werden. Bei dieser stehen vor allem die Menschenrechte und Rechtssicherheit im Vordergrund. Sowohl politische Menschenrechte und Freiheitsrechte (Menschenrechte der ersten Generation), zum Beispiel das Recht auf Leben, Religionsfreiheit, Freiheit der Meinungsäußerung, Versammlungs- und Vereinigungsfreiheit, als auch wirtschaftliche, soziale und kulturelle Menschenrechte (Menschenrechte der zweiten Generation) sollen geschützt werden. Hierzu wird regionalen und internationalen Institutionen wie dem Internationalen Strafgerichtshof eine wichtige Rolle zugeschrieben (Ulbert und Werthes 2008, S. 19 f.; Hampson et al. 2002). Die Frage *Sicherheit für wen oder was?* kann in diesem Kontext also zusätzlich zu Sicherheit für Individuen mit Sicherheit für bestimmte Werte beantwortet werden. Bei der Frage *Sicherheit mit welchen Mitteln?* werden bestimmte

Strukturen beziehungsweise Institutionen wie Normen, Gesetze und Organisationen betont.

Es bleibt festzuhalten, dass menschliche Sicherheit „ein westliches Konzept" (Ulbert und Werthes 2008, S. 24) ist. Es wurde jedoch auch in anderen Regionen aufgenommen. Mit Blick auf die ASEAN-Region zeigt Mely Caballero-Anthony, dass es zwar innerhalb der Mitgliedsstaaten von ASEAN keine einheitliche Haltung zum Konzept der menschlichen Sicherheit gab, dem Konzept aber vielerorts zunächst mit Nichtbeachtung oder Skepsis begegnet wurde. Dies lag vor allem an der in der Region vorherrschenden staatszentrierten Sicherheitskonzeption, wonach der Staat das einzige Referenzobjekt war und die Normen staatlicher Souveränität und der Nichteinmischung für das Sicherheitsverständnis konstitutiv waren (Caballero-Anthony 2008, S. 153; siehe auch Tow 2013). Entsprechend wurde das Konzept der menschlichen Sicherheit als eine Herausforderung bzw. eine Bedrohung für das herkömmliche Sicherheitsverständnis und seiner konstitutiven Prinzipien verstanden. Dies änderte sich erst mit verschiedenen Krisen in der Region, deren Auswirkungen als Sicherheitsbedrohung wahrgenommen wurden, insbesondere die durch die Finanzkrise von 1997 bewirkten wirtschaftlichen Schwierigkeiten und damit zusammenhängende soziale und politische Krisen sowie grenzüberschreitende Bedrohungen wie Kriminalität (Caballero-Anthony 2008, S. 155). Daran wurde einerseits deutlich, dass nationalstaatliche Antworten auf Sicherheitsbedrohungen zu kurz griffen und andererseits, dass Sicherheit nicht nur militärische Aspekte und nicht nur den Staat betrifft. Im Ergebnis nahm die Bedeutung des Konzeptes menschlicher Sicherheit in den ASEAN-Staaten zu (Caballero-Anthony 2008, S. 155–157).

4.1.2 Menschliche Sicherheit in der Sicherheitspolitik am Beispiel Deutschland: Vernetzte Sicherheit

Nach Ansicht von Cornelia Ulbert und Sascha Werthes kann „[d]ie Veröffentlichung des UNDP-Berichts über menschliche Entwicklung 1994 als der intellektuelle Ursprung des Konzepts menschlicher Sicherheit und zugleich als Katalysator für eine neue Sicherheitsdebatte bezeichnet werden" (Ulbert und Werthes 2008, S. 15). Wenn zum Beispiel entwicklungspolitische Themen und Menschenrechte in Sicherheitskonzepte einbezogen werden, können die einzelnen Politikbereiche nicht mehr voneinander getrennt werden und zum Beispiel Menschenrechte Teil der Sicherheitspolitik werden. Hierdurch komme es zu einer „Versicherheitlichung" (siehe Kap. 2) von Themen und Politikbereichen, die ursprünglich nicht Teil von Sicherheitspolitik waren (Ulbert und Werthes 2008, S. 17).

Am Beispiel Deutschland soll anhand politischer Ansätze für das Krisenmanagement im Rahmen bewaffneter Konflikte aus den 2000er-Jahren kurz gezeigt werden, wie menschliche Sicherheit in politischen Programmen berücksichtigt wird. Die relevanten Dokumente hierfür (Major und Schöndorf 2011, S. 3) sind der *Aktionsplan Zivile Krisenprävention, Konfliktlösung und Friedenskonsolidierung* von 2004 und das *Weißbuch zur Sicherheitspolitik Deutschlands und zur Zukunft der Bundeswehr* von 2006.

Im Weißbuch erklärt die Bundesregierung, dass sie einem Verständnis von Sicherheit als „vernetzter Sicherheit" folgt:

> Sicherheit kann weder rein national noch allein durch Streitkräfte gewährleistet werden. Erforderlich ist vielmehr ein umfassender Ansatz, der nur in vernetzten sicherheitspolitischen Strukturen sowie im Bewusstsein eines umfassenden gesamtstaatlichen und globalen Sicherheitsverständnisses zu entwickeln ist. Das Gesamtkonzept der Bundesregierung „Zivile Krisenprävention, Konfliktlösung und Friedenskonsolidierung" ist ein Baustein hierzu (BMVg 2006, S. 9).

4 Wege zur Sicherheit II: Normative Ebene

Im letztgenannten Konzept wird konkretisiert, was dies für die Sachdimension bedeutet:

> Ausgangspunkt für Maßnahmen der Krisenprävention, der Konfliktbeilegung und der Konsolidierung in der Nachkonfliktphase ist ein erweiterter Sicherheitsbegriff, der politische, ökonomische, ökologische und soziale Stabilität umfaßt. Grundlage dafür sind die Achtung der Menschenrechte, soziale Gerechtigkeit, Rechtsstaatlichkeit, partizipatorische Entscheidungsfindung, Bewahrung natürlicher Ressourcen, Entwicklungschancen in allen Weltregionen [...] (Bundesregierung 2004, S. XVI).

So werden denn auch im Weißbuch „die Förderung von Demokratie und Menschenrechten" sowie „eine nachhaltige Entwicklung" (BMVg 2006, S. 16) als Teile von Sicherheit verstanden. Entsprechend umfasst die von der Bundesregierung im Weißbuch angesprochene „vernetzte Sicherheit"[1] militärische und zivile Akteure und Instrumente. Dabei geht es um die Zusammenarbeit von „Militär, Polizei und Geheimdiensten [...], [...] Außen- und Entwicklungspolitik sowie zivilgesellschaftlichen Organisationen" (Müller-Hennig et al. 2011, S. 3). Ein Beispiel für die Umsetzung vernetzter Sicherheit sind die so genannten Provincial Reconstruction Teams (PRTs), die in Afghanistan im Rahmen des ISAF-Einsatzes der NATO nach 2001 eingesetzt wurden, um „auf lokaler Ebene Sicherheit [zu] gewährleisten und Wiederaufbaumaßnahmen [zu] unterstützen" (Major und Schöndorf 2011, S. 5). Entsprechend des Ansatzes der vernetzten Sicherheit waren bei den von Deutschland verantworteten PRTs „Außen-, Innen-, Verteidigungs- und Entwicklungsministerium" beteiligt (Major und Schöndorf 2011, S. 5). Insbesondere von Seiten zivilgesell-

---

[1] Im Englischen wird in diesem Kontext in der Regel vom comprehensive approach, also einem umfassenden Ansatz, gesprochen (Wittkowsky und Meierjohann 2011, S. 2).

schaftlicher Akteure gab es jedoch Kritik am Konzept der vernetzten Sicherheit im Allgemeinen und den PRTs im Speziellen.

4.1.3 Kritik am Konzept menschlicher Sicherheit

Das Konzept der menschlichen Sicherheit wird generell aufgrund seiner „konzeptionelle[n] Vagheit und Mehrdeutigkeit" (Ulbert und Werthes 2008, S. 13) kritisiert. Speziell habe sich nach Ansicht von David Chandler der Diskurs der menschlichen Sicherheit sowohl in der Politik als auch der Wissenschaft zum dominanten Diskurs entwickelt (Chandler 2011, S. 117), was dazu führe – so die Kritik aus Perspektive der critical security studies – dass das Konzept nicht mehr hinterfragt würde. Somit würden auch wieder nur bestehende Machtverhältnisse reproduziert, doch das Konzept habe keinen emanzipatorischen Anspruch (mehr) (Chandler 2011, S. 114; Malik 2015, S. 35).

In eine ähnliche Richtung geht die Kritik am Konzept der vernetzten Sicherheit in der deutschen Debatte. In deren Zentrum „steht die Befürchtung der Kritiker, dass vernetzte Sicherheit eine zunehmende Militarisierung der deutschen Außenpolitik und die Unterordnung der zivilen Politikbereiche unter das Militärische bedeute" (Wittkowsky und Meierjohann 2011, S. 4). Dies wurde vor allem anhand der PRTs in Afghanistan von Seiten zivilgesellschaftlicher Hilfsorganisationen befürchtet. Konkret kritisierten die deutschen Hilfsorganisationen, die im *Verband Entwicklungspolitik deutscher Nichtregierungsorganisationen e. V.* (VENRO) zusammengeschlossen sind, dass „das Gewalt- und Machtpotential des Militärs" in den PRTs über die zivilen Elemente dominiere (VENRO 2009, S. 2). Insbesondere durch die Übernahme von humanitären und entwicklungspolitischen Aufgaben durch die Bundeswehr, wie der Versorgung mit Nahrungsmitteln und dem Wiederaufbau, würden „die Mandate von zivilen und militärischen Akteuren vermischt" (VENRO 2009, S. 2). Dadurch gefährde die Bundeswehr „massiv die Unabhängigkeit der humanitären Hilfe, die sich nicht nach politischen Erwägungen richtet, sondern allein dem ‚humanitären Imperativ' verpflichtet ist" (VENRO 2009, S. 2). Doch nicht nur die Unabhängigkeit, auch die Sicherheit von NGOs in Afghanistan sei dadurch gefährdet, denn sie „werden als Teil einer Besatzungsmacht oder gar einer Konfliktpartei wahrgenommen" (VENRO 2012, S. 2). Entsprechend lehnen die NGOs die Zusammenarbeit ziviler und militärischer Akteure im Rahmen der PRTs, aber auch darüber hinaus, ab. VENRO bekräftigt, dass sich die NGOs für die Bekämpfung der Armut und den Schutz der Menschenrechte einsetzen, doch „[e]ine Verfolgung von Sicherheitsinteressen der Bundesrepublik Deutschland kann kein Auftrag für entwicklungspolitische und humanitäre Organisationen sein" (VENRO 2012, S. 2).

David Chandler geht mit seiner Kritik noch einen Schritt weiter. Seiner Ansicht nach führt die Annahme der Verfechter eines Konzeptes menschlicher Sicherheit, dass es eine umfassende Interdependenz von Sicherheit und allen Bereichen menschlichen und gesellschaftlichen Lebens gibt, einerseits dazu, dass Sicherheitsbedrohungen übertrieben würden. Andererseits könnten Misserfolge in der Außen- und Sicherheitspolitik mit Verweis auf die Komplexität von Sicherheit einfach entschuldigt werden (Chandler 2011, S. 125 f.).

Der Fokus auf Sicherheit von Individuen und gesellschaftlichen Gruppen hat einen Wandel der Vorstellungen von humanitären Interventionen begünstigt.

Einführende und weiterführende Literatur zu Human Security

Ulbert, Cornelia und Sascha Werthes (Hrsg.). 2008. *Menschliche Sicherheit. Globale Herausforderungen und regionale Perspektiven*. Baden-Baden: Nomos. Eine Welt. Texte der Stiftung Entwicklung und Frieden, Band 21.

Dieses Buch eignet sich sehr gut für den Einstieg in die Thematik. Es liefert sowohl eine Überblick über die Entwicklung des Konzeptes und unterschiedliche Verständnisse als auch kritische Perspektiven. Darüber hinaus werden unterschiedliche regionale Perspektiven auf menschliche Sicherheit betrachtet.

> Martin, Mary und Taylor Owen (Hrsg.). 2014. *Routledge Handbook of Human Security*. London und New York: Routledge.

Dieses sehr umfassende Handbuch versammelt Aufsätze von führenden internationalen Wissenschaftlern zum Thema „Human Security" und behandelt sowohl das Konzept als auch dessen Anwendung. Es umfasst neben theoretischen und konzeptionellen Aspekten auch einzelne Fallstudien. Aufgrund der Komplexität ist es eher für fortgeschrittene Leser zu empfehlen.

4.2 Responsibility to Protect (Schutzverantwortung) und humanitäre Interventionen

Die Vereinten Nationen basieren auf den Normen der Souveränität der Staaten, der Nicht-Einmischung in die internen Angelegenheiten eines Staates und des absoluten Gewaltverbotes einerseits sowie den Menschenrechten andererseits. In diesem Spannungsverhältnis ist die Frage nach humanitären Interventionen zu verorten. Humanitäre Interventionen können verstanden werden „als militärisches Eingreifen zum Schutz fremder Menschen vor Verfolgung und Vernichtung" (Hinsch und Janssen 2006, S. 15). Auch wenn diese Idee schon mindestens gut 500 Jahre alt ist (Hinsch und Janssen 2006, S. 15), so geht es im Folgenden nur um humanitäre Interventionen nach dem Zweiten Weltkrieg und insbesondere nach Ende des Kalten Krieges. Während des Kalten Krieges hatte die Idee der humanitären Intervention keine Priorität bei den Staaten, denn diesen lag mehr an der Sicherstellung staatlicher Souveränität. So hat während des Kalten Krieges keine einzige Resolution des Sicherheitsrates humanitäre Interventionen erwähnt (Mingst und Karns 2012, S. 136). In den 1990er-Jahren änderte sich dies und vor allem westliche liberale Staaten maßen dem (militärischen) Schutz der Menschenrechte mehr Bedeutung bei (Bellamy und Wheeler 2008, S. 524). Es kam zu zahlreichen internationalen Militäreinsätzen, die – zumindest teilweise – auf humanitären Motiven beruhten. In diesem Kontext entwickelte sich die Norm der so genannten Responsibility to Protect (Schutzveranwortung). Im Folgenden wird erläutert, was die Responsibility to Protect besagt (Abschn. 4.2.2) und um was für eine Norm es sich dabei handelt (Abschn. 4.2.3). Zunächst wird jedoch der Entstehungshintergrund der Responsibility to Protect kurz skizziert (Abschn. 4.2.1). Dabei werden folgende Fragen beantwortet:

- Warum kam es zur Responsibility to Protect?
- Welche Ziele sind mit der Responsibility to Protect verbunden?
- Auf Basis welcher Kriterien erlaubt die Responsibility to Protect eine humanitäre Intervention?
- Welche Schwierigkeiten existieren bei der Umsetzung der Responsibility to Protect?

4.2.1 Entstehungshintergrund der Responsibility to Protect: Praxis der humanitären Interventionen Anfang der 1990er-Jahre

Eine der militärischen Interventionen, die auch auf humanitären Motiven beruhte, fand zum Beispiel in Somalia 1992 im Zuge des Bürgerkrieges nach dem Sturz des Diktators Siad Barre statt. Zunächst hatte der Sicherheitsrat der Vereinten Nationen in seiner Resolution 751 im April eine internationale Mission zur Beobachtung des im Vormonat geschlossenen Waffenstillstandsabkommens und zum Schutz humanitärer Helfer unter Kapitel VI, das heißt mit Zustimmung der bewaffneten Akteure, autorisiert (UNISOM I). Als sich im Zuge der Gewalteskalation zwischen unterschiedlichen bewaffneten Gruppen und ihren Warlords die humanitäre Lage vor allem mit Blick auf die Versorgung der Bevölkerung mit Nahrungsmitteln zuspitzte, genehmigte der Sicherheitsrat unter Kapitel VII eine militärische Operation zur Absicherung humanitärer Maßnahmen. Die von den USA geführte Unified Task Force (UNITAF), in den USA auch *Operation Restore Hope* genannt, hatte also das Mandat, humanitäre Hilfe mit militärischen Mitteln auch ohne die Zustimmung der Konfliktparteien zu schützen. Im März 1993 wurde UNITAF in die Mission UNISOM II überführt, die sich nun auch um die Entwaffnung der Konfliktparteien kümmern sollte und zu diesem Zwecke autorisiert war, Gewalt einzusetzen. Nachdem es zum Tod von mindestens 23 pakistanischen Blauhelmsoldaten durch Truppen des Kriegsherrn Aidid kam, wurden die Vereinten Nationen jedoch selbst zur Konfliktpartei und versuchten, Aidid zu ergreifen. Als vier Monate später 18 US-amerikanische Soldaten durch Aidids Truppen getötet wurden, entschieden die USA, ihre Truppen aus Somalia abzuziehen. Die VN-Mission ging noch bis März 1995 weiter.

Der Abzug der US-Truppen erfolgte nicht zuletzt deshalb, weil die nackten Leichname der getöteten Soldaten durch die Straßen Mogadischus geschleift und die Bilder durch den Fernsehsender CNN direkt in die US-amerikanischen Wohnzimmer transportiert wurden, woraufhin die Zustimmung der Bevölkerung zu dem Einsatz endete. Diese Bilder sowie der Abzug der US-Truppen, die ihren Einsatz Ende 1992 gemäß dem Namen der Mission mit dem Ziel, Hoffnung zu bringen, und unter Zustimmung ihrer eigenen Bevölkerung begonnen hatten, verfestigten auch den Eindruck vom Scheitern der humanitären Intervention. Dabei war es die politische Komponente des Einsatzes, die Stabilisierung der politischen Ordnung, die nicht gelang, wohingegen die Hungersnot erfolgreich beendet werden konnte (Mingst und Karns 2012, S. 120). Dies Beispiel zeigt auch, dass Erfolge von VN-Missionen nicht immer eindeutig bewertet werden können (siehe Kap. 3).

Die militärische humanitäre Intervention in Somalia basierte auf einer Sicherheitsratsresolution nach Kapitel VII. Im Rahmen dessen kann der Sicherheitsrat militärische Mittel „zur Wahrung oder Wiederherstellung des Weltfriedens und der internationalen Sicherheit" (Vereinte Nationen 1945, Art. 42) autorisieren. Seit Beginn der 1990er-Jahre hat der Sicherheitsrat die Liste dessen, was als entsprechende Bedrohung des Weltfriedens und der internationalen Sicherheit zählt, ausgeweitet, unter anderem auf humanitäre Notsituationen (Bellamy und Wheeler 2008, S. 530). In seiner Resolution 767 vom 27. Juli 1992 anerkannte der Sicherheitsrat der Vereinten Nationen, dass die Erbringung von humanitärer Hilfe ein wichtiges Element zur Wiederherstellung von Frieden und Sicherheit in der Region sei (Vereinte Nationen 1992, S. 65 f.) und in Resolution 794 vom 3. Dezember 1992 stellte der Sicherheitsrat fest, dass die durch den Konflikt verursachte und durch die Behinderung des Hilfseinsatzes verschärfte „menschliche Tragödie" eine Bedrohung des internationalen Friedens und der internationalen Sicherheit darstelle (Vereinte Nationen 1992, S. 69 ff.).

Doch nicht immer gab es Einigkeit zwischen den Staaten, ob es sich um eine humanitäre Notsituation handelt, die ein militärisches Eingreifen erfordert. So konnten sich die Mitglieder des Sicherheitsrates im Falle des Kosovos 1999 nicht auf eine Resolution einigen, weshalb die NATO ohne Mandat der Vereinten Nationen intervenierte. Zwar mag die NATO für ihre Luftschläge gegen die serbischen Truppen auch humanitäre Gründe gehabt haben, doch es waren neben der fehlenden Autorisierung durch den Sicherheitsrat vor allem die politischen Motive der NATO-

Staaten, die Kritik an dem Einsatz hervorgerufen und dessen Legitimität in Frage gestellt haben. So wollte die NATO wohl eine Wiederholung des Massakers von Srebrenica (siehe Kap. 3) verhindern, doch die NATO-Staaten agierten auch aus Furcht vor einer Ausdehnung des Konfliktes auf die Nachbarstaaten und die weitere Destabilisierung der Region (Bellamy und Wheeler 2008, S. 529).

Aber nicht immer, wenn es geboten gewesen wäre, hat die internationale Staatengemeinschaft im Rahmen einer humanitären Intervention eingegriffen. Im Fall von Ruanda (siehe Kap. 3) befand sich nur eine Mission zur Überwachung des im Friedensabkommen von Arusha vom August 1993 geschlossenen Waffenstillstandes im Land, als der Genozid begann, obwohl es deutliche Hinweise auf einen bevorstehenden Genozid gab (Dallaire 2004). Erst nachdem dieser in vollem Gange war, autorisierte der Sicherheitsrat die Staatengemeinschaft mit einer militärischen Mission nach Kapitel VII.

Diese Beispiele zeigen, dass die Praxis vor allem westlicher Staaten die Entwicklung einer neuen Norm der militärischen humanitären Intervention voranbrachte (Bellamy und Wheeler 2008, S. 530). Diese findet ihren Ausdruck in der so genannten Responsibility to Protect (R2P). Jene versucht zwei konkurrierende Normen miteinander zu verbinden: einerseits die staatliche Souveränität und andererseits die Menschenrechte. Während sich aus Ersterer das Nichteinmischungsgebot in innere staatliche Angelegenheiten ableitet, kann es zum Schutz von Menschenrechten erforderlich sein, mit militärischen Mitteln in einem fremden Staat zu intervenieren, auch gegen dessen Willen. Um dieses Spannungsverhältnis aufzulösen wird im Rahmen der R2P Souveränität neu definiert. Es wird davon ausgegangen, dass es Bestandteil staatlicher Souveränität ist, die auf dem Staatsterritorium lebenden Menschen zu schützen und vor Menschenrechtsverletzungen zu bewahren. Ist ein Staat hierzu nicht in der Lage oder nicht willens, dann geht dessen Souveränität an die internationale Gemeinschaft über (ICISS 2001).

4.2.2 Kriterien für eine humanitären Intervention im Rahmen der Responsibility to Protect

Die Responsibility to Protect war zunächst der programmatische Titel des 2001 erschienenen Berichtes der International Commission on Intervention and State Sovereignty (ICISS), einer auf Initiative der kanadischen Regierung ins Leben gerufenen und aus 12 Personen bestehenden Kommission. Nach deren Vorstellungen umfasst die internationale Schutzverantwortung die Dimensionen der Prävention, der Reaktion und des Wiederaufbaus, wobei die Erste jedoch die wichtigste ist. Damit soll vermieden werden, dass es überhaupt zu bewaffneten Konflikten und anderen menschengemachten massiven Notlagen und somit zu Situationen kommt, die ein Eingreifen erfordern (ICISS 2001). Der Bericht nennt ferner Bedingungen, unter denen eine humanitäre Intervention gerechtfertigt sein kann und macht Vorschläge, welche Institutionen darüber entscheiden könnten (ICISS 2001).

Damit sollte eine einheitliche Grundlage für das Vorgehen der internationalen Gemeinschaft inklusive einheitlicher Standards für humanitären Interventionen geschaffen werden, um dreierlei Missstände zu verhindern (Bellamy und Wheeler 2008, S. 535):

(1) ein Nicht-Eingreifen im Falle schwerer Menschenrechtsverstöße, wie im Falle von Ruanda,
(2) Uneinigkeit zwischen den Staaten darüber, ob eine Intervention gerechtfertigt und angemessen ist oder nicht, was zum Beispiel im Falle des Kosovo zu einer Blockade des VN-Sicherheitsrates führte,
(3) einen Missbrauch humanitäre Interventionen zur Durchsetzung eigener Interessen seitens einzelner Staaten(-Gruppen) zu verhindern.

Der ICISS-Bericht nannte folgende Kriterien, die gegeben sein müssen, damit eine humanitäre Intervention gerechtfertigt ist: Zunächst bedarf es eines gerechten Grundes für eine humanitäre Intervention. Dieser ist im Falle von geplantem oder tatsächlich stattfindendem Massensterben, unabhängig ob diesem die Intention eines Genozides zugrunde liegt oder nicht, oder im Falle von massenhaften ethnischen Säuberungen durch Tötung, Vertreibung, Terror oder Vergewaltigung, gegeben. Des Weiteren müssen vier Bedingungen geprüft werden: (1) Die Intention der Intervention muss die Verhinderung oder Beendigung menschlichen Leidens sein, (2) eine militärische Intervention darf nur als ultima ratio, also als letzte Option, eingesetzt werden, wenn nicht-militärische Mittel nicht zielführend sind, (3) eine militärische Intervention ist so minimal wie möglich zu gestalten und (4) es muss eine begründete Aussicht auf Erfolg der militärischen Intervention bestehen (ICISS 2001). Darüber hinaus muss ein militärischer Einsatz selbst nach bestimmten Prinzipien erfolgen. Der Sicherheitsrat der Vereinten Nationen wird im ICISS-Bericht zwar als die Instanz mit der höchsten Legitimation für eine Entscheidung über die Rechtmäßigkeit einer humanitären Intervention angesehen, aber sollte eine Entscheidung im Sicherheitsrat blockiert sein, so schlägt der Bericht die Generalversammlung der Vereinten Nationen oder regionale internationalen Organisationen als alternative Entscheidungsinstanzen vor (ICISS 2001).

Auf ihrem Gipfel 2005 haben sich die Mitgliedsstaaten der Vereinten Nationen in ihrem Abschlussdokument zur Responsibility to Protect (§ 138 und 139) bekannt. Allerdings wurden nur Teile des Vorschlages der ICISS übernommen. Zwar bekennen sich alle Mitgliedsstaaten zur Verpflichtung ihre Bürger vor Genozid, Kriegsverbrechen, Verbrechen gegen die Menschlichkeit und ethnischen Säuberungen zu schützen und sich gegenseitig dabei zu unterstützen. Sollte ein Staat in dieser Verpflichtung massiv versagen, so kann der Sicherheitsrat darüber entscheiden, friedliche Mittel oder sogar militärische Mittel nach Kapitel VII der Charta einzusetzen. Der Sicherheitsrat soll dabei von Fall zu Fall entscheiden. Doch im Unterschied zum ICISS-Bericht enthält das Abschlussdokument des Gipfels keine Kriterien für die Entscheidung, wann eine humanitäre Intervention gerechtfertigt ist, und beschränkt diese Entscheidungskompetenz auf den Sicherheitsrat. Entsprechend hat sich die Erwartung, dass Entscheidungen über eine humanitäre Intervention im Rahmen der Responsibility to Protect in Zukunft auf Basis einheitlicher Kriterien getroffen wird, nicht erfüllt.

> **Die Schutzverantwortung in Resolutionen der Vereinten Nationen**
>
> Seit der Anerkennung der Responsibility to Protect 2005 hat diese Eingang in mehrere Resolutionen des Sicherheitsrates gefunden. In seiner Resolution 1706 aus dem Jahr 2006 zum Schutz der Zivilbevölkerung in Darfur hat der Sicherheitsrat zum Beispiel auf die entsprechenden Stellen des Gipfel-Abschlussdokumentes von 2005 Bezug genommen. Auch in seiner Resolution 1973 zu Libyen von 2011 bezieht sich der Sicherheitsrat auf die Schutzverantwortung und „ermächtigt die Mitgliedsstaaten [...] alle notwendigen Maßnahmen zu ergreifen [...] um von Angriffen bedrohte Zivilpersonen und von der Zivilbevölkerung bewohnte Gebiete in der Libysch-Arabischen Dschamahirija, einschließlich Bengasis, zu schützen" (Vereinte Nationen 2011a, S. 463). Ebenfalls in 2011 autorisiert der Sicherheitsrat die UNOCI-Truppen zum Einsatz von Gewalt zum Schutz von Zivilisten in der Elfenbeinküste (Vereinte Nationen 2011b, S. 3).

Aber auch wenn solche Kriterien, wie sie der ICISS-Bericht nennt, von den Staaten im Abschlussdokument des Gipfels übernommen worden wären, so wäre damit noch nicht gewährleistet, dass es unter vergleichbaren Zuständen immer zu einer militärischen Intervention kommt, wie Alex Bellamy und Nicholas Wheeler (2008, S. 536 f.) feststellen. Anders gesagt: die selektive Anwendung der Responsibility to Protect lässt sich nicht alleine durch die Formulierung von Kriterien für eine Intervention verhindern. Dies hat mindestens drei Gründe: Erstens können die notwendigen Kriterien unterschiedlich bewertet werden, zum Beispiel die Frage, ob eine Regierung unfähig oder unwillig ist, Massensterben zu verhindern. Wenn es darüber zu Unstimmigkeiten zwischen Staaten kommt, können sich, zweitens, möglicherweise mächtige Staaten besser durchsetzen als solche, denen es an Möglichkeiten fehlt, andere zu überzeugen. Drittens müssen Staaten, selbst wenn Einigkeit über die Notwendigkeit einer Intervention besteht, noch davon überzeugt werden, auch tatsächlich zu intervenieren, also ihre eigenen Soldaten in ein anderes Land zu schicken um dessen Bürger zu retten (Bellamy und Wheeler 2008, S. 536 f.).

In der Praxis hat sich auch immer wieder gezeigt, dass die Responsibility to Protect selektiv angewandt wird. So gestattete eine Resolution des Sicherheitsrates im Falle des Bürgerkrieges in Libyen 2011 den Einsatz militärischer Gewalt (siehe Kasten) im Namen der Responsibility to Protect (Vereinte Nationen 2011a), während die Staatengemeinschaft im Falle Syriens, trotz humanitärer Notlagen, nicht interveniert. Im Falle Libyens ging es nach Beginn der Intervention nicht mehr nur darum, Zivilisten zu schützen, sondern auch darum, Muammar al-Gaddafi zu stürzen und einen Regimewechsel herbeizuführen. Dies wurde von einigen Staaten als Überdehnung des Mandates und der Responsibility to Protect angesehen (Benner 2012, S. 253). Vor diesem Hintergrund stellte Brasilien ein Konzeptpapier mit dem Titel „Responsibility While Protecting" vor (Vereinte Nationen 2011c). Dieses forderte vor allem die Beschränkung des Einsatzes von Gewalt durch eine vorherige sorgfältige Prüfung und einem Vorrang nicht-militärischer Mittel sowie eine stärkere Rechenschaftspflicht der Staaten bei der Umsetzung von Einsätzen im Rahmen der Responsibility to Protect (Vereinte Nationen 2011c). Dieser Vorstoß wurde wiederum von westlichen Staaten als Hindernis für schnelles Handeln in einer Notsituation kritisiert (Benner 2012, S. 254). Nach Ansicht von Thorsten Benner macht dieses Beispiel deutlich, dass die Responsibility to Protect eine vage Norm ist, die unterschiedlich interpretiert werden kann (Benner 2012, S. 254). Das Beispiel zeigt auch, dass es zur Anwendung der Responsibility zuvorderst eines politischen Willens bedarf. Daher wird in der akademischen Debatte diskutiert, ob die Responsibility to Protect überhaupt eine Norm sei und wenn ja, um was für eine Art Norm es sich handelt.

4.2.3 Responsibility to Protect: eine Norm oder nicht?

Diese Debatte ist mit der Frage verknüpft, was für eine Norm die Responsibility to Protect überhaupt ist; ob es sich um eine rechtliche oder eine moralische Norm handelt. Versteht man die Responsibility to Protect als eine rechtliche Norm, dann kann die Normqualität bestritten werden. Denn die internationale Schutzverantwortung, so wie sie im Abschlussdokument des Weltgipfels von 2005 festgeschrieben wurde, ist nicht präzise formuliert und lässt unterschiedliche Interpretationen zu. Des Weiteren impliziert sie auch nicht die automatische Verpflichtung zur Intervention, sondern überlässt diese Entscheidung dem Sicherheitsrat der Vereinten Nationen und gestattet den Staaten somit sich gegen eine Intervention auszusprechen, was die Selektivität der Normanwendung erlaubt (Daase 2013).

Eine moralische Norm hingegen drückt aus, wie etwas wünschenswerterweise sein sollte, ohne dass dies in der Praxis notwendigerweise so umgesetzt wird (Deitelhoff 2013). Wenn man die Responsibility to Protect, wie Nicole Deitelhoff, als moralische Norm versteht, muss ihre Qualität vor allem daran gemessen werden, wie legitim ihr Anspruch ist und nicht zu allererst daran, ob die Akteure diesem Anspruch in der Praxis auch gerecht werden (Deitelhoff 2013). So sei nicht umstritten, dass es eine Schutzverantwortung von Staaten gegenüber ihrer Bevölkerung gäbe und auch nicht, dass diese an die internationale Gemeinschaft übergehen könne. Denn schließlich haben dem die Staaten auf dem Weltgipfel 2005 so zugestimmt, was für die Anerkennung der Norm durch die Staaten stehe (Deitelhoff 2013). Dem lässt sich hinzufügen, dass auch die Kritiker des Einsatzes in Libyen die Norm der Schutzverantwortung nicht in Frage gestellt haben (Tourinho et al. 2016, S. 137). Umstritten sei vielmehr im jeweils konkreten Fall, so Nicole Deitelhoff, ob die internationale Gemeinschaft im Sinne der Responsibility to Protect intervenieren müsse, was aber nicht den Normcharakter in Frage stelle (Deitelhoff 2013).

Ein weiterer Normwandel nach Ende des Kalten Krieges hat sich mit Blick auf die Rolle von Frauen in der Sicherheitspolitik vollzogen.

Einführende und weiterführende Literatur zur Responsibility to Protect

> Weiss, Thomas G. 2012. *Humanitarian Intervention. Ideas in Action.* Cambridge: Polity Press. 2. Auflage.

Dieses Buch bietet eine gute Einführung in das Thema. Es diskutiert humanitäre Interventionen und die Responsibility to Protect umfassend mit Blick auf Entstehung, Theorie und praktische Umsetzung. Das Buch wird regelmäßig überarbeitet, um aktuelle Entwicklungen zu diskutieren. In der 3. Auflage, die bei Fertigstellung dieses Lehrbuches noch nicht erschienen war, wird zum Beispiel der Frage nachgegangen, warum es in einigen Fällen zu einer internationalen Intervention im Namen der Responsibility to Protect kommt und in anderen hingegen nicht.

> Daase, Christopher und Julian Junk (Hrsg.). 2013. Internationale Schutzverantwortung – Normative Erwartungen und politische Praxis. Sonderheft der Zeitschrift *Die Friedenswarte* 88 (1–2).

Auch dieser Sonderband diskutiert die Responsibility to Protect vor dem Hintergrund der aktuellen Entwicklungen und speziell Libyen. Die Beiträge fragen unter anderem nach dem Charakter der Norm der Responsbility to Protect, nach der Entwicklung der Norm und den Folgen des Einsatzes in Libyen zum Beispiel für die völkerrechtliche Debatte. Dieses Sonderheft ist eher für fortgeschrittene Leser zu empfehlen.

4.3 Gender Mainstreaming

Im Jahr 2000 verabschiedete der Sicherheitsrat der Vereinten Nationen die Resolution 1325 mit dem Titel „Frauen, Frieden und Sicherheit". Diese Resolution gilt als Meilenstein, da sie die erste ist, die sich mit der Rolle von Frauen in Friedensprozessen befasst. Die dabei formulierten Forderungen nach einem besonderen Schutz von Frauen im Rahmen bewaffneter Konflikte einerseits und nach deren gleichberechtigter Teilhabe an Prozessen zur Verhütung und Bearbeitung von Konflikten andererseits sind jedoch nicht neu. Bereits 1915 heißt es in einer Erklärung des in Den Haag tagenden ersten internationalen Frauenkongresses für den Frieden:

> Dieser Internationale Frauenkongreß protestiert gegen die Auffassung, dass Frauen unter einer modernen Kriegsführung geschützt werden können. Er protestiert aufs Entschiedenste gegen das furchtbare Unrecht, dem Frauen in Kriegszeiten ausgesetzt sind, und besonders gegen die entsetzlichen Vergewaltigungen von Frauen, welche die Begleiterscheinung jedes Krieges sind. Dieser Internationale Frau-

enkongreß fordert, dass im Interesse dauernden Friedens und der Civilisation die Konferenz zur Feststellung der Friedensbedingungen nach dem Kriege eine Resolution annehmen soll, welche die Notwendigkeit der politischen Gleichberechtigung der Frauen für alle Länder betont (Internationaler Frauenkongreß 1915, S. 46 f., zitiert in Kätzel o. J.).

Doch auch 100 Jahre später zeigt sich ein ähnliches Bild. Einerseits wird sexuelle Gewalt als strategisches Instrument der Kriegsführung eingesetzt. Andererseits gibt es immer wieder Berichte über sexuelle Ausbeutung von Frauen und Mädchen durch Peacekeeping-Truppen (Hebert 2011). Erst im Juni 2015 gelangte ein interner Bericht der Vereinten Nationen an die Presse, in dem dokumentiert wird, dass Mitglieder der VN-Friedenstruppen in Haiti Frauen und Mädchen im Tausch gegen Nahrungsmittel und Medikamente zu sexuellen Handlungen genötigt haben (Janker 2015).

Auch vor diesem Hintergrund sind die Sicherheitsratsresolution 1325 und nachfolgende Resolutionen zum Thema „Frauen, Frieden und Sicherheit" zu betrachten. Sie werden als Ausdruck der Gender-Mainstreaming-Norm im Sicherheitsbereich, konkret im Bereich der Friedenskonsolidierung, verstanden (Baumgärtner 2010). Gender Mainstreaming meint die systematische Integration einer Genderperspektive in alle Strukturen, Prozesse und Politiken eines Akteurs, in seine Art Dinge wahrzunehmen und zu handeln (Rees 2005, S. 560). Im Folgenden wird erläutert, inwiefern Gender Mainstreaming in der Sicherheitsratsresolution 1325 und nachfolgenden Resolutionen zum Ausdruck kommt (Abschn. 4.3.1) und wie Gender Mainstreaming umgesetzt wird (Abschn. 4.3.2). Dabei sollen folgende Fragen beantwortet werden:

- Welche (feministischen) Perspektiven auf Sicherheit kommen in den Resolutionen zum Ausdruck?

- Um welche Art von Norm handelt es sich bei Gender Mainstreaming?
- Welche Schwierigkeiten ergeben sich bei der Umsetzung der Norm?

4.3.1 VN-Resolution 1325: Frauen, Frieden und Sicherheit

Resolution 1325 fordert eine stärkere Berücksichtigung von Frauen in Friedensprozessen und in allen Phasen von internationalen Friedensmissionen. Dazu gehören zum Beispiel ein spezielles Training für das Personal von Friedensmissionen, um dieses für die Belange und Bedürfnisse von Frauen in Konfliktsituationen zu sensibilisieren, sowie die verstärkte Einbindung von Frauen bei der Planung und Durchführung von Friedensmissionen oder die stärkere Beteiligung von Frauen an Konfliktlösungsmechanismen (Vereinte Nationen 2000).

Die Resolution geht dabei davon aus, dass Frauen und Männer unterschiedlich von bewaffneten Konflikten betroffen sind. Zum einen legt die Resolution den Fokus auf Frauen und Mädchen als Opfer geschlechtsspezifischer Gewalt in Konflikten, zum Beispiel systematischer Vergewaltigungen. Zum anderen erkennt die Resolution an, dass manche Frauen in Konflikten andere Erfahrungen als Männer machen und andere Bedürfnisse haben, aber auch über andere Ressourcen zur Konfliktprävention und -bearbeitung verfügen. Daher strebt Resolution 1325 ganz gezielt die Ermächtigung von Frauen als eigenständige Akteurinnen in der Vorbeugung, Bearbeitung und Lösung von Konflikten an.

Insbesondere mit Blick auf sexuelle Gewalt wurde Resolution 1325 durch bislang sechs weitere konkretisiert: 1820 (2008), 1888 (2008), 1889 (2009), 1960 (2010), 2106 (2013) und 2122 (2013). Von diesen ermöglicht es zum Beispiel die 2008 verabschiedete und als weiterer „Meilenstein" (Auswärtiges Amt 2010) gefeierte Resolution 1820 den gezielten Einsatz sexueller Gewalt zu Zwecken der Kriegsführung als Kriegsverbrechen zu verfolgen (Vereinte Nationen 2008). Wird sexuelle Gewalt also als Instrument der Kriegsführung eingesetzt, so kann sie nunmehr als Straftat vor dem Internationalen Strafgerichtshof in Den Haag angeklagt werden. Resolution 1888 vom September 2009 ermächtigt den Sicherheitsrat der Vereinten Nationen, im Kontext bewaffneter Konflikte aufgrund sexueller Gewalt Sanktionen zu verhängen (Vereinte Nationen 2009). Zudem wurde ein Sonderberichterstatter gegen sexuelle Gewalt in bewaffneten Konflikten ernannt (Vereinte Nationen 2009).

Der Fokus der Resolution 1325 und nachfolgender Resolutionen liegt also auf Frauen und Mädchen. Viele Beobachter sind jedoch der Ansicht, dass es für eine gleichberechtigte Sicherheitspolitik nicht nur eines veränderten Verständnisses der Rollen von Frauen bedarf, sondern dass ebenso Männer sowie die Beziehungen zwischen Frauen und die Beziehungen zwischen Männern sowie die Beziehungen zwischen Frauen und Männern berücksichtigt werden müssen. Erstens können auch Männer Opfer von (sexueller) Gewalt und Frauen Täter sein. Zweitens müssen Männer möglicherweise ihre Einstellung Frauen gegenüber ändern, wenn es zu einem veränderten Rollenverständnis von Frauen kommen soll. Und drittens sind weder Frauen noch Männer homogene Gruppen, sondern es kann sowohl unter Frauen als auch unter Männern (geschlechterbasierte) Hierarchien geben. So haben zum Beispiel zahlreiche Studien auf die Konstruktion von hegemonialen und untergeordneten Vorstellungen von Maskulinität im Militär hingewiesen. Frank J. Barrett hat beispielsweise gezeigt, dass in der US Navy Piloten am höchsten angesehen sind, weil sie Aggressivität, Mut und die Beherrschung komplexer Technologie verkörpern, was als Ausdruck von Männlichkeit angesehen wird. Versorgungsoffiziere hingegen stehen ganz unten in der Hierarchie und werden teilweise abschätzig als „supply pussies" oder „suppo weenies" bezeichnet (Barrett 1996, S. 134–138).

4.3.2 Die Umsetzung der Resolution 1325: Gemischte Ergebnisse

Zur Umsetzung der Resolutionen 1325 und nachfolgender Resolutionen sind sowohl die Vereinten Nationen als auch regionale Organisationen und die Staaten aufgerufen. Auf Ebene der Vereinten Nationen gibt es seit 2008/2009 einen organisationsweiten Aktionsplan. Dieser formuliert in den Bereichen Prävention, Partizipation, Schutz sowie Soforthilfe und Wiederaufbau Ziele zum Schutz von Frauen und Mädchen, ihrem gleichberechtigten Zugang zu Hilfe und der gleichberechtigten Repräsentation in und Teilhabe an formellen und informellen Prozessen in allen Phasen des Friedensprozesses. Des Weiteren enthält der Aktionsplan Indikatoren, wie diese Ziele erreicht werden können. Die Vereinten Nationen, aber auch regionale Organisationen wie die EU oder die NATO (siehe Kasten), haben im Rahmen ihrer Friedensmissionen neue Strukturen geschaffen, um der Resolution Rechnung zu tragen. So gibt es in vielen Missionen so genannte Gender Advisors oder Gender Focal Points, die zum Beispiel die Leitung der Mission beraten, Gender-Training für die Mitarbeiter der Mission organisieren oder Kontakte zu lokalen Frauengruppen herstellen (Arloth und Seidensticker 2011, S. 22 f.). Auch die Mitgliedsstaaten der Vereinten Nationen werden in die Pflicht genommen, die Ziele der Resolution umzusetzen. Denn da die Vereinten Nationen über keine eigenen Streitkräfte verfügen, sind es die Mitgliedsstaaten, die Personal für Friedensmissionen entsenden. Somit sind diese gefordert, für eine entsprechende Beteiligung und Berücksichtigung von Frauen zu sorgen.

> **NATO und 1325**
>
> Nicht nur die Mitgliedsstaaten der Vereinten Nationen, sondern auch andere internationale Regierungsorganisationen wie die NATO setzen die Sicherheitsratsresolution 1325 und folgende Resolutionen zum Thema „Frauen, Frieden und Sicherheit" um. Hierfür hat die NATO eigene Strukturen geschaffen. Sie verfügt zum Beispiel seit 2012 über einen „Special Representative for Women, Peace and Security", die eine entsprechende Task Force aus zivilem und militärischem Personal auf Hauptquartierebene koordiniert (NATO 2016). Auf Einsatzebene werden Gender Field Advisors und Gender Focal Points entsendet, die dafür sorgen sollen, dass eine Gender-Perspektive in der täglichen Arbeit berücksichtigt wird (NCGM 2016). Für die Entsendung von Truppen im Rahmen von NATO-Missionen und somit auch für das Training der Truppen mit Blick auf Gender Mainstreaming und die Beteiligung von Frauen an den Missionen sind jedoch die Mitgliedsstaaten verantwortlich.

Die Ergebnisse der Umsetzung der Resolution 1325 sind bislang gemischt. Zwar gibt es „positive Entwicklungen", doch „noch keine nachhaltigen Erfolge" (Arloth und Seidensticker 2011, S. 29). Die Vereinten Nationen können selbst nicht die eigens formulierten Ansprüche erfüllen. Zum einen ist das Peacekeeping der Vereinten Nationen nach wie vor von Männern dominiert (s. Abb. 4.1). Zum anderen haben die Vereinten Nationen zwar „Richtlinien, Handbücher und Leitfäden erarbeitet, die die praktische Umsetzung der Sicherheitsratsresolution 1325 bei der Durchführung von Friedenseinsätzen vereinfachen sollen", doch „hat sich die Integration dieser Norm in der operationellen Arbeit noch nicht durchgesetzt" (Arloth und Seidensticker 2011, S. 18).

Die Direktorin des VN-Programmes für Frauen (UN Women), Phumzile Mlambo-Ngcuka, stellte bei einer Präsentation des Berichtes des VN-Generalsekretärs zum Thema „Frauen, Frieden und Sicherheit" 2014 zwar fest, dass sich „[d]er Anteil von Friedensabkommen, die auf das Vorantreiben der Sicherheit und

4 Wege zur Sicherheit II: Normative Ebene

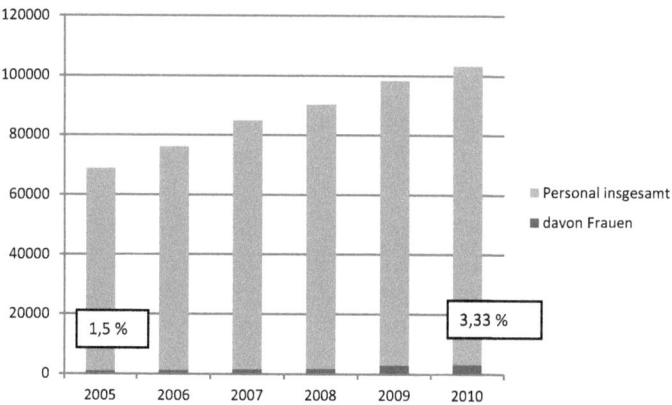

Abb. 4.1 Anteil von Frauen in Friedensmissionen der Vereinten Nationen. (Quelle: Vereinte Nationen 2016)

des Status von Frauen und Mädchen abzielen, [...] seit 2011 mehr als verdoppelt" hat. Doch sage die Hälfte aller Friedensabkommen „nichts über die Rechte der Frau oder ihre Bedürfnisse aus, und es verbleibt die Mehrheit der Friedensprozesse, bei denen man erst im Nachhinein über die minimale Teilnahme von Frauen nachdenkt" (Phumzile Mlambo-Ngcuka zitiert in UN Women 2014, S. 1). Erklärungen für diesen Befund können einerseits im Politikfeld Sicherheit und den dort vorherrschenden Strukturen und andererseits in der Gender-Mainstreaming-Norm selbst liegen.

Mit Blick auf das Politikfeld betrifft die Resolution 1325 einen historisch von Männern dominierten Politikbereich – Sicherheit – und von Männern dominierte Institutionen wie das Militär. Deren Umstrukturierung mit Blick auf die Beteiligung von Frauen und ein tiefer gehendes Umdenken mit Blick auf Genderverständnisse erfordern nicht nur viel Zeit, sondern sind auch mit Widerstand verbunden. Schließlich bedeuten entsprechende Veränderungen auch immer einen Wandel der Machtverhältnisse (Arloth und Seidensticker 2011, S. 30). Die männlichen Strukturen des Militärs, aber auch die weitgehend fehlende Sanktionierung von Missbrauch sind aus Sicht des Genderforschers Paul Higate mit ursächlich für die vielen und immer wiederkehrenden Fälle sexuellen Missbrauchs durch Blauhelme (Higate zitiert in Janker 2015).

Was die Norm selbst angeht, so ist Gender Mainstreaming ein Beispiel für eine vage und schwer fassbare Norm, die unterschiedliche Interpretationen zulässt (Rees 2005; Joachim und Schneiker 2012). Während einige Akteure darunter – im Sinne eines liberalen Feminismus (siehe Kap. 2) – die Erhöhung des Frauenanteils in Institutionen der Sicherheitspolitik verstehen, zielen andere Akteure – im Sinne einer Gender-Perspektive – auf die Transformation der Geschlechterverhältnisse ab. Somit erlaubt es die Resolution 1325 den Staaten sowohl Geschlechterverständnisse und -beziehungen in ihrer Sicherheitspolitik und darin enthaltene Hierarchien und Machtverhältnisse aufzudecken und zu verändern, als auch konservativ ihre bisherige Politik weiterzuführen (Joachim und Schneiker 2012).

Wie sind unterschiedliche Interpretationen von Gender Mainstreaming nun theoretisch zu erklären? Aus rationalistischer Sicht beschränken internationale Normen das Handeln der Akteure. Staaten befolgen Normen, weil ihnen ansonsten Kosten entstehen würden, zum Beispiel in Form eines Reputationsverlustes oder in Form von Sanktionen durch andere Staaten. Handlungsspielräume der Staaten können daher nur über die Auslegung der Norm erzielt werden (Sandholtz 2008). Um hierbei die (Anpassungs-)kosten so gering wie möglich zu halten, ist es wahrscheinlich, dass Staaten eine Norm so interpretieren, dass sie mit bestehenden Politiken, Institutionen und Strukturen möglichst übereinstimmt. Auch aus konstruktivistischer Sicht ist die Interpretationen einer Norm zentral, doch hängt diese weniger von Kosten-Nutzen-Erwägungen ab als vielmehr von den auf nationaler Ebene vorherrschenden Normen und dem Selbstverständnis der Akteure.

So weisen beispielsweise Studien darauf hin, dass die Beteiligung von Frauen im Militär auch von der im Militär jeweils vorherrschenden Kultur abhängt (Carreiras 2006).

Die von der Bundesregierung zur Umsetzung der Resolution 1325 angeführten Maßnahmen können sowohl mit rationalistischen, als auch konstruktivistischen Argumenten erklärt werden. Betrachtet man die Umsetzung der Resolution in Deutschland, so wird deutlich, dass der Fokus auf Frauen und deren spezifischen Bedürfnissen vorherrscht und eine Genderperspektive, die Männer und Frauen und ihre vielfältigen Beziehungen zueinander berücksichtigt, weitgehend abwesend ist. Entsprechend erstrecken sich die Maßnahmen oft auf die bloße zahlenmäßige Erhöhung des Frauenanteils in einzelnen Prozessen. Dies entspricht sowohl bisherigen Politiken der Bundesregierung als auch den (Macht-)strukturen zwischen den beteiligten Akteuren und ihrem Selbstverständnis. Während entwicklungspolitische Akteure, die sich im Umsetzungsprozess bisher jedoch nicht durchsetzen konnten, eher ein progressives Verständnis von Gender Mainstreaming verfolgen, ist das der (bisher maßgeblichen) militärischen Akteure auf die Erhöhung des Frauenanteils in bestimmten Bereichen des Militärs fokussiert (Joachim und Schneiker 2012).

Einführende und weiterführende Literatur zu Gender Mainstreaming und 1325

Baumgärtner, Ulrike. 2010. Gleichstellung der Geschlechter in der UN-Verwaltung im Bereich Friedenskonsolidierung. *Sicherheit und Frieden* 28 (1): 13–20.

Dieser Artikel untersucht vor allem die Umsetzung von Gender Mainstreaming im Sinne der Sicherheitsratsresolution 1325 in der Friedenskonsolidierung und nimmt dabei besonders die Verwaltung der Vereinten Nationen in den Blick.

> Gizelis, Theodora-Ismene und Louise Olsson (Hrsg.). 2015. *Gender, Peace and Security. Implementing UN Security Council Resolution 1325*. London und New York: Routledge.

Dieser Sammelband gibt einen guten Überblick über die Umsetzung von Gender Mainstreaming im Rahmen der Sicherheitsratsresolution 1325, 15 Jahre nach deren Inkrafttreten. Dabei werden unterschiedliche Aspekte behandelt wie die Beteiligung von Frauen an internationalen Friedensmissionen und der Schutz vor sexueller Gewalt.

5

Wege zur Sicherheit III: Nichtstaatliche Akteure

Nichtstaatliche Sicherheitsakteure sind kein neues Phänomen, aber bei der Analyse internationaler Sicherheit wurden sie lange Zeit vernachlässigt, weil dominante Theorien wie der Realismus und der Institutionalismus nichtstaatlichen Akteuren keine zentrale Rolle zuschreiben. Spätestens aber mit dem Konstruktivismus wird nichtstaatlichen Akteuren als Sicherheitsakteuren eine größere Beachtung geschenkt. Die Bedeutung von privaten Sicherheits- und Militärfirmen (Abschn. 5.1) ist spätestens nach den Anschlägen vom 11. September in den Kriegen in Afghanistan und Irak deutlich geworden, wo diese Firmen Seite an Seite mit staatlichen Militärs (Dunigan 2011, S. 53) operiert haben und dabei „essentielle" Aufgaben (Singer 2004, S. 6) übernahmen. Auch Nichtregierungsorganisationen (NGOs) (Abschn. 5.2) können Sicherheitsakteure sein. Sie setzen sich zum Beispiel dafür ein, dass bestimmte Normen – wie Gender Mainstreaming – von Staaten und internationalen Organisationen anerkannt und umgesetzt werden und sind auch selbst an der Umsetzung entsprechender Programme beteiligt. Darüber hinaus wirken NGOs auch an Prozessen zur Regulierung von PSMFs mit.

5.1 Private Sicherheits- und Militärfirmen (PSMFs)

In vielen aktuellen bewaffneten Konflikten sind PSMFs aktiv. Vor allem in den internationalen Konflikten im Irak und in Afghanistan in den 2000er-Jahren wurde die Bedeutung dieser Firmen und der Umfang ihrer Tätigkeiten deutlich. Im Irak zum Beispiel halfen PSMFs beim Einsatz des Flugabwehrraketensystems *Patriot*, trainierten die staatliche Polizei und Armee und bewachten kritische Infrastruktur und Mitarbeiter der Koalitionskräfte (Singer 2004, S. 4 ff.). Insgesamt waren im Zuge des letzten Irakkrieges zu Spitzenzeiten etwa 100.000 Angestellte von PSMFs alleine im Auftrag der US-Regierung im Irak aktiv (Merle 2006). Die Privatisierung von Sicherheit durch PSMFs beschränkt sich jedoch nicht auf bewaffnete Konflikte, sondern es handelt sich um ein globales Phänomen (Abrahamsen und Williams 2011). Auch in Deutschland findet Privatisierung von Sicherheit statt. Die Bundesregierung beauftragt PSMFs im Rahmen von Auslandseinsätzen der Bundeswehr, privates Sicherheitspersonal patrouilliert in U-Bahnen und Einkaufszentren, bewacht Ministerien, unterstützt das Land Hessen beim Betreiben eines Gefängnisses und schützt deutsche Handelsschiffe vor Angriffen von Piraten, um nur einige Beispiele zu nennen. Im Jahr 2012 wurde der Umsatz der privaten Sicherheitsindustrie (von Industrievertretern selbst) weltweit auf 90 Milliarden US-$ und das jährliche Wachstum für die nächsten Jahre auf 7 % geschätzt (Securitas 2013a, S. 12). Genaue Daten über den Umfang der privaten Sicherheitsindustrie und die Anzahl aktiver Firmen existieren jedoch nicht, da es kein offizielles Register der Firmen gibt. Auch wenn es sich um ein globales Phänomen handelt, werden im Folgenden nur PSMFs behandelt, die in Kontexten bewaffneter Konflikte aktiv sind und auch nur solche, die transnational operieren, also nicht ausschließlich in dem Land aktiv sind, in dem sie registriert sind.

PSMFs sind für die Politikwissenschaft relevant, weil sie Fragen der Ausübung von Gewalt betreffen, die einerseits für unser Verständnis von Herrschaft und Regieren und andererseits für unser Verständnis von bewaffneten Konflikten zentral sind. Mit Blick auf die Kriegführung wurde insbesondere im Kontext der Debatte um sogenannte „neue Kriege" (Kaldor 1999; Münkler 2002) herausgearbeitet, dass Kriege nicht (mehr) in erster Linie zwischen Staaten stattfinden, sondern dass (auch) nichtstaatliche Akteure daran beteiligt sind. Dabei sind PSMFs neben anderen nichtstaatlichen Akteuren wie Rebellen, Warlords und Terroristen Ausdruck und Motor der Privatisierung des Krieges. In der Literatur zu Security Governance wird wiederum diskutiert, wie PSMFs zur Bereitstellung von Sicherheit beitragen können (Chojnacki 2007; Branović und Chojnacki 2007).

Ein oft thematisierter Punkt ist die Regulierung von PSMFs (z. B. Chesterman und Lehnardt 2007). Zwar sind PSMFs keine Völkerrechtssubjekte, doch ihre Mitarbeiter sind verpflichtet, sich an das humanitäre Völkerrecht und die Menschenrechte zu halten. Hierfür Sorge zu tragen und eventuelle Verstöße zur Anklage zu bringen und Mitarbeiter von PSMFs für Vergehen zu verurteilen, ist Aufgabe der Staaten (Schweizerische Eidgenossenschaft und IKRK 2008). Da es in den Einsatzländern, in denen PSMFs arbeiten, wie Afghanistan oder der Irak, jedoch oft an entsprechenden staatlichen Strukturen mangelt, sind vor allem die Auftrag gebenden Staaten und die Staaten, in denen PSMFs ansässig sind, in der Pflicht. Deren Strukturen zur Regulierung von PSMFs sind jedoch sehr unterschiedlich. So verfügen zum Beispiel die Vereinigten Staaten über zahlreiche Regulierungsinstrumente auf unterschiedlichen Ebenen, doch es existieren zahlreiche Schlupflöcher (DeWinter-Schmitt 2013, S. 8). Andere Staaten wie Großbritannien verfügen über gar keine PSMF-spezifische Regulierung.

Im Folgenden wird zunächst erläutert, was unter PSMFs verstanden werden kann, bevor einzelne Gründe für und Folgen von ihrem Einsatz aus unterschiedlichen theoretischen Perspektiven betrachtet werden. Dabei sollen folgende Fragen beantwortet werden:

- Was sind PSMFs und wie unterscheiden sie sich von anderen Akteuren?
- Welche Erklärungskraft haben theoriegeleitete Begründungen für Privatisierung von Sicherheit?
- Für wen stellen PSMFs Sicherheit bereit?
- Mit welchen Mitteln stellen PSMFs Sicherheit bereit?
- Vor was stellen PSMFs Sicherheit bereit?

5.1.1 Begriffsbestimmung

PSMFs bieten militärische, polizeiliche, geheimdienstliche und humanitäre Sicherheitsaufgaben an. Hierzu gehören unter anderem die Wartung und Bedienung militärischen Geräts, Logistik, die Beratung und Ausbildung staatlicher Sicherheitsakteure, der (bewaffnete) Schutz von Personen, Einrichtungen, Schiffen und Konvois, Aufklärung und Überwachung, das Monitoring von Wahlen, die Entwaffnung, Demobilisierung und Reintegration ehemaliger Kombattanten, Risiko- und Sicherheitsanalysen sowie Grenzkontrollen. Kunden von PSMFs sind vor allem Staaten, Unternehmen, internationale Regierungsorganisationen wie die Vereinten Nationen und NGOs. Während einige PSMFs das gesamte Spektrum an Dienstleistungen anbieten, führen andere nur wenige oder gar nur eine der genannten Aufgaben durch. Das Phänomen ist also sehr heterogen. Daher existiert auch keine einheitliche Definition dessen, was eine PSMF ist.

Einige Autoren versuchen daher, unterschiedliche Typen von Firmen voneinander abzugrenzen. So finden sich zum Beispiel die Differenzierungen zwischen privaten *Militär*firmen und privaten *Sicherheits*firmen (zum Beispiel Schreier und Caparini 2005) sowie zwischen *defensiv* operierenden und *offensiv* operierenden

Firmen (zum Beispiel Abrahamsen und Williams 2007; Percy 2009). Andere wiederum unterscheiden die Firmen abhängig davon, welche Art von Dienstleistung (Logistik, Beratung oder Kampfeinsatz) eine Firma durchführt (Singer 2006). Doch solche Typologien sind problematisch, denn die Realität ist komplexer. Erstens ist der Untersuchungsgegenstand dynamisch, da das Dienstleistungsspektrum der Firmen über Zeit (auch aufgrund von Firmenzusammenschlüssen) variieren kann. Zweitens ist der Untersuchungsgegenstand intransparent, so dass es für Außenstehende – zum Beispiel Wissenschaftler – oft schwierig ist, zu erfahren, welche Dienstleistungen eine Firma tatsächlich anbietet. Die Firmen selbst sind bestrebt, ein möglichst positives Bild von sich darzustellen. Dazu gehört meist auch, dass sie vor allem positiv besetzte Aufgaben betonen, zum Beispiel humanitäre Hilfsaufgaben, um sich vom negativ besetzten Söldner-Image zu distanzieren. Die Bezeichnung *Söldner* für Angestellte von PSMFs, wie sie gelegentlich in den Medien zu finden ist, hat in ihrer moralischen Dimension eine negative Konnotation. Doch der Söldner-Begriff ist auch eine völkerrechtliche Kategorie. Im Ersten Zusatzprotokoll zu den Genfer Konventionen von 1977 ist festgelegt, auf Basis welcher Kriterien eine Person als Söldner klassifiziert werden kann. Damit verbunden ist die Aberkennung bestimmter Rechte, wie sie zum Beispiel Kriegsgefangene haben. Doch diese Söldner-Definition ist so eng gefasst, dass so gut wie kein Angestellter einer PSMF darunter fällt.

5.1.2 Gründe für die Privatisierung von Sicherheit

Viele Studien nennen eine Reihe von möglichen Gründen für die Beauftragung von PSMFs und beziehen sich dabei vor allem auf OECD-Staaten wie die USA und Großbritannien, wo die Privatisierung von Sicherheit vergleichsweise weit vorangeschritten ist (siehe zum Beispiel Singer 2006; Wulf 2005). Im Folgenden werden unter Rückgriff auf eine Einteilung von Andreas Kruck

(2014) einzelne Erklärungen genannt, die sich an einzelne der in Kap. 2 genannten Theorien rückbinden lassen.

Aus der liberalen Perspektive des Theorems des demokratischen Friedens kann argumentiert werden, dass die Beteiligung an bewaffneten Konflikten in liberalen Demokratien die Zustimmung der Bevölkerung erfordert, die aufgrund der hohen Kosten, die mit einem solchen Einsatz verbunden sind, jedoch davor zurückschreckt. Die Beauftragung von PSMFs durch eine Regierung kann in diesem Falle für die Regierung eine Möglichkeit darstellen, sich dennoch an einem Konflikt zu beteiligen (Binder 2005). Aus dieser Perspektive sind PSMFs „außenpolitische Instrumente demokratischer Regierungen" (Binder 2005, S. 134). Insbesondere im Falle der USA wurde gezeigt, dass die Regierung über Verträge mit PSMFs unter bestimmten Umständen weder Legislative noch Öffentlichkeit informieren muss (Avant 2005, S. 128). Entsprechend kann die Regierung gegenüber der Öffentlichkeit durch den Einsatz von PSMFs die Beteiligung an einem bewaffneten Konflikt herunterspielen (Deitelhoff und Geis 2007, S. 321). Aber auch die Bundesregierung ist nicht verpflichtet, die Öffentlichkeit über den Einsatz von PSMFs für die Bundeswehr zu informieren. In der Öffentlichkeit wird daher auch selten wahrgenommen, dass PSMFs in Afghanistan „nicht nur Militärtransporte, Logistik, Catering, Wartungs- und Reparaturaufgaben, Wäscheversorgung, Abwasser- und Müllentsorgung und Brennstoffversorgung für das deutsche Bundeswehrkontingent übernommen [haben], sondern auch deutsche Trainingszentren geschützt [haben], in denen die afghanische Polizei ausgebildet wird" (Krahmann und Friesendorf 2011, S. 1).

Normative Begründungen für den Einsatz von PSMFs beziehen sich auf die Durchsetzung einer neoliberalen Privatisierungsnorm, auf Basis derer vormals als staatlich erachtete Aufgaben privatisiert werden und die auch militärische Aufgaben nicht ausschließt (Singer 2006, S. 118 ff.; Wulf 2005, S. 184 f.). Unterschiedliche Privatisierungspraktiken zwischen Staaten lassen sich dabei durch die unterschiedlich stark verbreiteten neoliberalen Vorstellungen vom *schlanken Staat* erklären (Kruck 2014, S. 119). Damit wird zum Beispiel erklärt, warum in den USA und in Großbritannien, wo neoliberale Vorstellungen vergleichsweise weit verbreitet sind, die Privatisierung von Sicherheit deutlich weiter vorangeschritten ist als in Deutschland, wo entsprechende neoliberale Ansichten auch weniger weit verbreitet seien.

Andreas Kruck zeigt nun auf, dass diese Annahmen zwar eine gewisse Erklärungskraft haben, dass aber keiner der Ansätze Privatisierung von Sicherheit umfassend erklären kann, wenn es um die Entwicklung der Privatisierung von Sicherheit in einem Land über Zeit oder um den Vergleich der Privatisierung von Sicherheit in mehreren Ländern geht (Kruck 2014). Die politisch-instrumentalistische Perspektive kann nicht erklären, warum bestimmte Aufgaben häufiger privatisiert werden als andere, zum Beispiel warum gerade wenig umstrittene Aufgaben wie Logistik, aber sehr selten sehr umstrittene Aufgaben wie Kampfeinsätze privatisiert werden. Des Weiteren kann mit entsprechenden Argumenten nicht plausibel gemacht werden, warum zum Beispiel die deutsche Regierung trotz eines vergleichsweise hohen Grades der Ablehnung von Bundeswehreinsätzen in der Bevölkerung deutlich weniger Aufgaben privatisiert als die US-Regierung, obwohl die USA traditionell die Rolle eines „Weltpolizisten" innehaben (Kruck 2014, S. 130). Andreas Kruck argumentiert daher, dass es vor allem empirischer Studien bedarf, um Privatisierung von Sicherheit umfassend zu erklären, sowie solcher Methoden, die einzelne Privatisierungsentscheidungen nachzeichnen, um eine umfassendere theoriegeleitete Erklärung für die Privatisierung von Sicherheit zu erhalten.

5.1.3 Folgen der Privatisierung von Sicherheit

Mit Folgen der Privatisierung von Sicherheit haben sich vor allem solche Arbeiten befasst, die sich dem Thema aus einer Security Governance-Perspektive annehmen. Diese gehen davon aus, dass die Bereitstellung von Sicherheit eine Governance-Aufgabe ist, die nicht mehr nur von staatlichen Akteuren wie der Polizei oder dem Militär erbracht wird, sondern (auch) von nichtstaatlichen Akteuren (Bryden und Caparini 2006; Caparini 2006; Risse 2005). Zu Letzteren können Milizen, Rebellen, Bürgerwehren sowie PSMFs gehören. Wenn jedoch nicht nur staatliche Akteure, sondern auch private an der Bereitstellung von Sicherheit beteiligt sind, dann stellen sich insbesondere Fragen nach der Qualität der von PSMFs erbrachten Governance-Leistungen.

Bei der Ausführung ihrer Verträge können PSMFs je nach vertraglich festgelegtem und tatsächlichem Handlungsspielraum Einfluss darauf nehmen, wie Sicherheit verstanden wird, zum Beispiel wer und was mit welchen Mitteln und zu welchem Grad geschützt werden soll (Berndtsson 2012, S. 319). So stellt Elke Krahmann fest, dass PSMFs ein solches Sicherheitsverständnis propagieren, dass den Eindruck erweckt, für jeden bestehe permanent ein Sicherheitsrisiko. Dadurch soll die die dauerhafte Nachfrage nach den von den Firmen angebotenen Maßnahmen gesichert werden. Darauf aufbauend werden Sicherheitsmaßnahmen einerseits individualisiert und andererseits kosten- und personalintensiv konzipiert (Krahmann 2008, 2010). Der Zweck von Sicherheitsmaßnahmen wird dabei nicht mehr in der Bekämpfung der Ursachen von Unsicherheit gesehen. Vielmehr geht es einerseits um Maßnahmen, die einen Akteur unempfindlicher gegenüber Unsicherheit machen sollen, und andererseits um Maßnahmen, die verhindern sollen, dass ein Risiko überhaupt eintritt. Dabei geht es PSMFs darum, Risiken und entsprechende Lösungen auf Kunden zuzuschneiden. In diesem Sinne kann argumentiert werden, dass PSMFs als „securitizer" auftreten, die den Kunden glaubhaft versichern, es bestehe eine existentielle Bedrohung für sie, vor denen die Firmen sie schützen können (grundlegend: Buzan et al. 1998, S. 23 ff.; in diesem Zusammenhang Leander 2005, S. 612).

Mit Blick auf die Bewertung der von PSMFs erbrachten Sicherheitsleistungen kann zudem zwischen Sicherheit als öffentlichem Gut einerseits und als privatem Gut andererseits unterschieden werden. Öffentliche Güter sind Güter, deren Konsum nicht-rivalisierend ist, d. h. alle Akteure können die gleiche Menge des Gutes konsumieren, egal wie viele Konsumenten es gibt. Des Weiteren kann niemand von deren Nutzen oder Konsum ausgeschlossen werden. Dementsprechend profitieren auch Akteure, die keinen Beitrag zur Bereitstellung des Gutes leisten bzw. sich nicht an den Kosten beteiligen, so genannte Trittbrettfahrer. Private Güter hingegen sind exklusiv, d. h. sie können nur von bestimmten Akteuren genutzt werden. Da PSMFs private Unternehmen sind, sind sie vorrangig bestrebt, Sicherheit als privates Gut zu produzieren, damit nur diejenigen Akteure, die dafür zahlen, d. h. ihre Kunden, davon profitieren. Die Bereitstellung von Sicherheit als privatem Gut kann jedoch auch positive Auswirkungen auf die Sicherheit anderer Akteure haben und das allgemeine Sicherheitsniveau im Einsatzgebiet anheben (Chojnacki 2007, S. 252; Branović und Chojnacki 2007, S. 166). Die Bereitstellung von Sicherheit als privatem Gut kann aber auch negative Auswirkungen auf die Sicherheit anderer Akteure haben. Beispielsweise kann die Durchführung von Schutzfunktionen zur Erhöhung der Sicherheit der bewachten Akteure führen, aber gleichzeitig die Unsicherheit für die nicht bewachten Akteure erhöhen, weil diese nun ein vergleichsweise leichtes Angriffsziel darstellen. Dies wird auch als crime displacement bezeichnet. Ein Bericht der Schweizerischen Friedensstiftung swisspeace über die Wahrnehmung von PSMFs durch die afghanische Bevölkerung kommt zu dem Schluss, dass PSMFs nicht als Sicherheitsakteure angesehen wurden, sondern, im Gegenteil, dass ihre Anwesenheit gar das Gefühl der Unsicherheit in der Bevölkerung erhöht hat (Rimli und Schmeidl 2007, S. 6).

Ein nicht nur reales, sondern auch analytisches Problem von *Security Governance* ist, dass dabei die Grenzen zwischen öffentlichen und privaten Akteuren und Sektoren verschwimmen können (Caparini 2006). So sind die Mitarbeiter einer PSMF einerseits und staatliche Sicherheitsakteure andererseits aufgrund ihrer Kleidung und der von ihnen durchgeführten Aufgaben nicht immer voneinander zu unterscheiden. Dies gilt nicht nur für Gebiete bewaffneter Konflikte, in denen ein Zivilist möglicherweise nicht unterscheiden kann, ob der bewaffnete Kontrollposten ziviler oder militärischer Natur ist, sondern auch für OECD-Staaten wie Deutschland, wo Mitarbeiter der Firma Securitas in blauer uniformähnlicher Kleidung und mit Schirmmützen als Hilfspolizeibeamte in einigen hessischen Städten den ruhenden Verkehr überwachen (Securitas o.J.).

Die Verwischung von Grenzen zwischen öffentlichen und privaten Akteuren erfolgt jedoch nicht nur aufgrund der Kleidung und des Aussehens der Akteure. In einer Studie zur Vertragsvergabe des schwedischen Außenministeriums an eine PSMF hat Joakim Berndtsson das Sicherheitsverständnis der Ministerialbeamten untersucht. Die Studie hat gezeigt, dass die Beamten keinen Unterschied zwischen staatlichen Sicherheitsakteuren aus Polizei und Militär einerseits und Angestellten der beauftragten PSMF andererseits machten. Da Letztere vor ihrer Tätigkeit im Privatsektor für staatliche Sicherheitsakteure gearbeitet hatten und von diesen ausgebildet wurden, fassten Ministerialbeamte sie als quasi-staatliche Akteure auf (Berndtsson 2012; Berndtsson und Stern 2013). Daher machte es für die Beamten keinen Unterschied, ob sie staatliche Sicherheitskräfte oder eine private Firma mit dem Schutz schwedischer Botschaften im Irak und Afghanistan beauftragten (Berndtsson 2012, S. 318 ff.).

Während bei PSMFs der Bezug zu Sicherheit schon im Namen steckt, werden NGOs oftmals erst auf den zweiten Blick als Sicherheitsakteure identifiziert.

Einführende und weiterführende Literatur zum Thema PSMFs

> Singer, Peter W. 2006. *Die Kriegs-AGs*. Frankfurt am Main: Zweitausendeins.

Peter W. Singer war der erste, der ein umfassendes Werk über PSMFs verfasst hat. Auch wenn sich die Branche weiterentwickelt hat, so umfasst das Buch doch einen guten Überblick über historische Formen privater Kriegsakteure, Gründe für die Entstehung von PSMFs, die Struktur der Branche und mögliche Folgen des Einsatzes dieser Firmen. Dieses Buch ist für den Einstieg zu empfehlen.

> Abrahamsen, Rita und Anna Leander (Hrsg.). 2016. *Routledge Handbook of Private Security Studies*. London und New York: Routledge.

Dieses umfassende Handbuch eignet sich für eine vertiefende Lektüre zum Thema. Auch hier finden sich Kapitel zu historischen Formen privater Sicherheit. Doch wird stärker differenziert zwischen unterschiedlichen Formen und Folgen von derzeitiger privater Sicherheit. Des Weiteren wird die Regulierung privater Sicherheitsfirmen umfassend diskutiert.

5.2 Internationale Nichtregierungsorganisationen (INGOs)

Internationale Nichtregierungsorganisationen (INGOs) sind ein fester Bestandteil der internationalen Beziehungen. Zwar wird in den Medien oft über solche INGOs berichtet, die sich wie Greenpeace im Bereich des Umweltschutzes engagieren oder wie Ärzte ohne Grenzen humanitäre Hilfe leisten, doch sind INGOs auch mit Blick auf internationale Sicherheit sehr aktiv. Sie engagieren sich in den Bereichen der Konfliktprävention und -bearbeitung, sie treten zum Beispiel für die Reduzierung von Kleinwaffen, für die Entwicklung demokratisch organisierter Sicherheitssektoren, für die Entwaffnung, Demobilisierung und Reintegration ehemaliger Kämpfer oder für die Einbeziehung von Frauen und Mädchen in Friedensprozessen ein. So war das Engagement von NGOs mit ausschlaggebend dafür, dass sich der Sicherheitsrat der Vereinten Nationen mit dem Themenkomplex Frauen, Frieden und Sicherheit befasst hat (s. Abschn. 4.3; Cohn 2008, 185).

Insgesamt umfasst der Begriff der INGOs eine äußerst heterogene Gruppe von Organisationen, die über verschiedenste Politikfelder hinweg und in den unterschiedlichsten Foren und Ebenen aktiv sind. In den letzten vierzig Jahren ist die Zahl der INGOs inzwischen auf über 8000 angestiegen (Union of International Associations 2012, 33–35; s. Abb. 5.1). Eine genaue Zahl anzugeben ist jedoch schwierig, da INGOs, anders als Staaten und ähnlich wie PSMFs, keine Völkerrechtssubjekte sind und es auch keine allgemein gültige Definition dessen gibt, was eine INGO ist. Als nichtstaatliche Akteure, die bestrebt sind, zu Sicherheit beizutragen, können NGOs also als Akteure von Security Governance verstanden werden. Im Unterschied zu Regierungen in liberalen Demokratien sind INGOs jedoch nicht gewählt und

5 Wege zur Sicherheit III: Nichtstaatliche Akteure

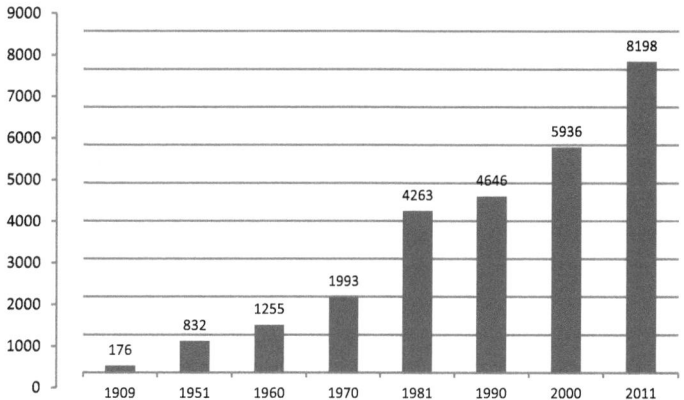

Abb. 5.1 Anzahl internationaler Nichtregierungsorganisationen (INGOs). (Quelle: Union of International Associations 2012, 33–35)

daher muss die Legitimationsbasis für ihr Handeln kritisch diskutiert werden.

Das Kapitel wird daher zunächst diskutieren, was unter INGOs verstanden werden kann und welche Funktionen INGOs speziell mit Blick auf internationale Sicherheit übernehmen und welche Strategien sie dabei anwenden. Danach wird die Legitimation von INGOs kritisch diskutiert. Anschließend wird an einem konkreten Beispiel der Beitrag von INGOs zu Security Governance diskutiert.

Dabei sollen folgende Fragen beantwortet werden:

- Was sind INGOs und wie unterscheiden sie sich von anderen Akteuren?
- Welche Beiträge können INGOs zu Sicherheit leisten?
- Wie können wir das Handeln von INGOs bewerten?

5.2.1 INGOs – eine Begriffsbestimmung

In der Wissenschaft werden unter Nichtregierungsorganisationen – egal ob national oder international tätig – üblicherweise solche Organisationen verstanden, die nicht-profitorientiert sind, unabhängig von staatlichem Einfluss gegründet wurden und unabhängig von staatlicher Finanzierung sind. NGOs sind also weder staatliche Akteure noch Marktakteure, sondern sie werden dem so genannten dritten Sektor zugeordnet, der den Bereich der (Zivil-)Gesellschaft umfasst (Frantz 2010, S. 191). Im Unterschied zu anderen gesellschaftlichen Akteuren wie Gewerkschaften oder Kirchen nehmen sich INGOs in der Regel solchen Anliegen an, die nicht sie selbst betreffen. So treten zum Beispiel Amnesty International für Opfer von Menschenrechtsverletzungen, die Deutsche Welthungerhilfe für Not und Hunger leidende Menschen und Saferworld für den Schutz von Frauen vor Gewalt ein. INGOs haben eine feste Organisationsstruktur und unterscheiden sich damit von sozialen Bewegungen. Gleichwohl sind zahlreiche INGOs aus sozialen Bewegungen hervorgegangen; zum Beispiel die 1915 auf dem Internationalen Frauenfriedenskongress in Den Haag gegründete Internationale Frauenliga für Frieden und Freiheit (Women's International League for Peace and Freedom – WILPF), die aus der pazifistischen Frauenbewegung im Zuge des Ersten Weltkrieges entstanden ist. Anders als lokale oder nationale NGOs haben internationale NGOs Mitglieder aus mehreren Ländern und arbeiten grenzüberschreitend.

Wie im Falle von PSMFs ist die Realität jedoch komplexer als die abstrakte Definition und es finden sich zahlreiche Beispiele für Organisationen, die den genannten Kriterien nur teilweise entsprechen, aber dennoch gemeinhin als INGO bezeichnet werden. So finanzieren sich einige Organisationen, wie zum Beispiel die in der Konfliktprävention und -bearbeitung tätige Organisation Saferworld, hauptsächlich aus staatlichen Mitteln (Saferworld 2014), weshalb ihre Unabhängigkeit kritisch hinterfragt werden muss. Die Frage, was eine INGO ist, kann zudem politische Relevanz bekommen, wenn damit die Anerkennung bestimmter Rechte verbunden ist, zum Beispiel im Kontext der Vereinten Nationen. So sind beim Wirtschafts- und Sozialrat der Vereinten Nationen (ECOSOC) solche NGOs registriert, die berechtigt sind, an internationalen Konferenzen der VN und vorbereitenden Treffen teilzunehmen. Die VN akkreditieren jedoch auch solche Organisationen als NGOs, die dem Bereich des Marktes zuzuordnen wären, zum Beispiel die World Nuclear Association, ein Interessenverband der Atomindustrie (Vereinte Nationen 2013).

Allerdings lassen sich in den letzten Jahren einzelne Entwicklungen beobachten, die dazu führen, dass die Grenze zwischen profitorientierten Unternehmen und nicht-profitorientierten NGOs verwischt. Einerseits engagieren sich Unternehmen wohltätig, zum Beispiel in Form von Geld- und Sachspenden für Bedürftige (z. B. Hopgood 2008). Andererseits übernehmen NGOs unternehmensähnliche Praktiken, zum Beispiel mit Blick auf die Vermarktung ihrer Produkte und Dienstleistungen. So kann man zum Beispiel bei Amnesty International online im „Amnesty Shop" eine Broschüre für Kinder, den Jahresbericht der Organisation oder ein Faltplakat mit der Erklärung der Menschenrechte kaufen (Amnesty International 2015a). Insgesamt gilt es zu berücksichtigen, dass es sehr große Unterschiede zwischen einzelnen INGOs gibt und wir verschiedene Typen von INGOs unterscheiden können; nicht nur abhängig von ihrer Finanzierung und ihrem Verhältnis zu Regierungen, sondern auch von ihrer Größe, ihrer Mitgliederstruktur und ihrer Arbeitsweise. Während zum Beispiel Amnesty International eine mitgliederbasierte Organisation ist, deren Arbeit zu großen Teilen auf dem freiwilligen Engagement von Ehrenamtlichen beruht, wird die Arbeit von Human Rights Watch von einer vergleichsweise kleinen Anzahl von fest angestellten Experten übernommen (Wong 2012).

5.2.2 Funktionen von INGOs

INGOs erfüllen unterschiedliche Funktionen im Bereich der internationalen Sicherheit. Sie haben eine *voice-Funktion* indem sie „nicht-öffentliche Tatbestände öffentlich machen" (Frantz 2010, S. 193). In diesem Zusammenhang ist oft davon die Rede, dass INGOs den Stimmlosen eine Stimme geben. So veröffentlichen zahlreiche INGOs Aussagen von Gewaltopfern. Amnesty International zum Beispiel veröffentlicht Berichte von Menschen, die Opfer von Vergewaltigungen als Instrument der Kriegsführung wurden (Amnesty International 2004). Mit der voice-Funktion verbunden ist oft auch die Funktion des *Agenda-Settings,* mittels der es INGOs gelingt, durch eine entsprechende Inszenierung Themen auf die Agenda der Medien und auf diesem Wege oder unmittelbar auf die Agenda internationaler Regierungsorganisationen und/oder Staaten zu setzen (Frantz 2010, S. 193). Dabei betreiben INGOs auch *Lobbying* bei politischen Akteuren, um Einfluss auf Entscheidungsprozesse nehmen zu können, da sie selbst an den Entscheidungen nicht beteiligt sind (Frantz 2010, S. 193). INGOs geben aber nicht nur den Stimmlosen eine Stimme, „sondern sprechen mit eigener Stimme im Interesse anderer" (Frantz 2010, S. 193), beispielsweise wenn sie sich für die Rechte von Minderheiten, Kindern oder Kriegsgefangenen einsetzen. Dies wird als *Advokaten-Funktion* bezeichnet (Frantz 2010, S. 193). So vertritt zum Beispiel die INGO Center for Constitutional Rights (CCR) Opfer von Folter durch PSMFs vor Gericht (Center for Constitutional Rights 2015).

Einige INGOs übernehmen aufgrund ihrer teils sehr spezifischen Expertise auch eine *Beratungs-Funktion* für Regierungen und ähneln dabei Think Tanks. So hat die INGO International Alert 2001 ein Papier für die britische Regierung erstellt, in dem Optionen für die Regulierung von PSMFs diskutiert werden (Beyani und Lilly 2001). Des Weiteren haben INGOs auch eine *Monitoring-* oder *Watchdog-Funktion*, indem sie zum Beispiel die Einhaltung von internationalen Konventionen, nationalen Gesetzen und freiwilligen Verhaltensstandards überwachen und Verstöße dagegen öffentlich machen. So hat zum Beispiel die INGO Saferworld einen „EU arms transparency tracker", der vergleichende Daten erhebt und aufzeigt, wie transparent die EU-Mitgliedsstaaten ihre Bürger über Waffenexporte informieren und ob sie dabei ihrer Berichtspflicht nachkommen (Saferworld 2015). INGOs sind auch an der *Umsetzung* von Programmen beteiligt, vor allem im Rahmen von friedensbildenden Maßnahmen. Viele INGOs aus der humanitären Hilfe und der Entwicklungszusammenarbeit, aber auch viele Think-Tank-ähnliche INGOs haben ihre Tätigkeiten in diesen Bereich ausgeweitet und führen zum Beispiel Programme zur Konfliktverarbeitung oder Schulungsprogramme zum Aufbau demokratischer und rechtsstaatlicher Strukturen durch oder beteiligen sich am Wiederaufbau der Infrastruktur durch den Aufbau von beispielsweise Schulen (de Jonge Oudraat und Haufler 2008, S. 24 f.). International Alert führt beispielsweise für USAID, die US-Regierungsbehörde für humanitäre Hilfe und Entwicklungszusammenarbeit, in Ruanda ein Programm zur Reintegration ehemaliger Kämpfer durch (USAID 2013). Um diese Funktionen zu erfüllen, nutzen INGOs eine Reihe von Strategien.

5.2.3 Strategien von INGOs

Mit Blick auf die von INGOs durchgeführten Strategien kann zwischen Insider-Strategien und Outsider-Strategien unterschieden werden. Mittels *Outsider-Strategien* agieren INGOs außerhalb und teilweise auch in Opposition zu Staaten, internationalen Regierungsorganisationen oder Unternehmen. Sie versuchen über Demonstrationen, Unterschriftenkampagnen, symbolische und spektakuläre Protestaktionen oder Boykott-Aufrufe mediale Aufmerksamkeit und Öffentlichkeit zu erzeugen und dadurch möglicherweise Druck auf Regierungen, internationale Regierungsorganisationen oder Unternehmen auszuüben (Willetts 2011, S. 20). Die INGO Campaign Against Arms Trade (CAAT) führt zum Beispiel immer wieder Demonstrationen gegen Waffenhandel durch und hat zum Beispiel auch eine Waffenfabrik besetzt (CAAT 2015). *Insider-Strategien* hingegen meinen die Zusammenarbeit mit politischen Entscheidungsträgern innerhalb von Institutionen, zum Beispiel die Beratung von Regierungen und internationalen Regierungsorganisationen (Willetts 2011, S. 20). So führt die Organisation International Security Information Service (ISIS) Europe im Auftrag des Europäischen Parlamentes Studien durch, beispielsweise zur Umsetzung der Sicherheitsratsresolution 1325 durch die Institutionen der EU (Europäisches Parlament und Gya 2010), und entspricht daher eher einem europäischen Think Tank. Es lassen sich jedoch nicht alle Strategien eindeutig in dieses vereinfachende Schema einordnen. So können INGOs über Informationskampagnen sowohl eine breite Öffentlichkeit, als auch politische Entscheidungsträger direkt ansprechen.

Welche Strategien INGOs wählen hängt von verschiedenen Faktoren ab. Einerseits sind die Ressourcen einer INGO, ihr Mandat und ihre Mitgliederstruktur entscheidend. So versteht sich Amnesty International als „weltweite Bewegung" (Amnesty International 2015b), die – nach eigenen Angaben – über sieben Millionen Mitglieder und Unterstützer hat (Amnesty International 2015c). Um diese zu erreichen und dazu zu bewegen, Briefe an Regierungen zu schreiben und diese darin aufzufordern, Menschenrechtsverletzungen zu beenden, eignen sich Zeugnisse über Einzelschicksale von Menschen besser als allgemeine Berichte (Wong 2012, S. 93). Im Unterschied dazu sollen die Berichte der Menschenrechts-NGO Human Rights Watch (HRW) vor allem politische Eliten erreichen, weshalb die Organisation in erster Linie forschungsbasierte Analysen erstellt (Wong 2012, S. 93 ff.). Andererseits spielen die so genannten politischen Opportunitätsstrukturen, die das institutionelle Umfeld bietet, eine

Rolle (Joachim 2003). So zeigt Matthias Dembinski mit Blick auf Sicherheit auf, dass die institutionelle Struktur der EU und das Interesse der Europäischen Kommission und des Europäischen Parlamentes an der Expertise und den Dienstleistungen von INGOs zur Implementierung von Programmen dazu führt, dass INGOs Insider-Strategien gegenüber Outsider-Strategien bevorzugen, da Erstere mehr Möglichkeiten zur Einflussnahme versprechen (Dembinsiki 2009, S. 161 f.).

5.2.4 INGOs: Beitrag zu mehr Demokratie oder egoistische Nutzenmaximierer?

Wie lässt sich das Handeln von INGOs bewerten? Hier ist zwischen einer tendenziell positiven und einer eher kritischen Perspektive zu unterscheiden (Dany und Schneiker 2015). Einerseits gehen Autoren davon aus, dass INGOs im Sicherheitsbereich einen wichtigen Beitrag zu Security Governance leisten können. Sie können zum Beispiel ihre Expertise und Glaubwürdigkeit dazu nutzen, Gesellschaften und Staaten im Allgemeinen über einen Sachverhalt zu informieren und das Bewusstsein für bestimmte Probleme zu stärken. So erhielt die INGO International Physicians for the Prevention of Nuclear War (Internationale Ärzte für die Verhütung des Atomkrieges) 1985 den Friedensnobelpreis für „die Verbreitung sachkundiger Informationen über und die Schaffung eines Bewusstseins für die katastrophalen Konsequenzen eines Atomkrieges" (Nobel Foundation 1985, aus dem Englischen übersetzt). Das Nobelpreiskomitee war der Ansicht, die INGO habe dabei einen „bedeutenden Dienst an der Menschheit" geleistet und ging davon aus, dass die Arbeit der INGO zu einem erhöhten öffentlichen Druck gegen die Verbreitung von Atomwaffen beigetragen habe. INGOs können sogar zur Weiterentwicklung des Völkerrechtes beitragen. So führte zum Beispiel die Arbeit der 1992 gegründeten Internationalen Kampagne für das Verbot von Landminen, einem Zusammenschluss von

INGOs für ein internationales Verbot für die Herstellung, den Verkauf und den Einsatz von Antipersonenlandminen, zum Abschluss der Ottawa-Konvention im Jahre 1998, der inzwischen 162 Staaten beigetreten sind (ICBL 2015). Auch bei den Verhandlungen zur Formulierung des völkerrechtlichen Vertrages zur Errichtung des Internationalen Strafgerichtshofes (IStGH), dem so genannten Römischen Statut, haben INGOs Einfluss genommen. Die Verhandlungen fanden zwar offiziell zwischen Staatenvertretern statt, doch inoffiziell haben INGOs Regierungen mit Informationen unterstützt und beraten (Deitelhoff 2006). Indem davon ausgegangen wird, dass INGOs weder staatliche noch wirtschaftliche Interessen vertreten, sondern die der betroffenen (zivilgesellschaftlichen) Stakeholder, verspricht man sich von ihrer Teilnahme an Governance-Prozessen eine Zunahme der Legitimität dieser Prozesse.

In den letzten fünfzehn Jahren hat sich zur zunächst positiven Einschätzung des Potentials von INGOs eine eher kritische Perspektive auf INGOs entwickelt, die deren Legitimation, ihr Handeln und dessen Wirkung kritisch hinterfragt. So sind an Security Governance-Prozessen hauptsächlich INGOs des globalen „Nordens" beteiligt, aber nur wenige zivilgesellschaftliche Akteure aus dem globalen „Süden". Die NGOs des globalen „Nordens" geben zwar an, im Interesse des „Südens" zu sprechen, doch sie verfolgen auch eigene Interessen, die sich von den Interessen derjenigen, die zu vertreten und für die einzutreten sie angeben, unterscheiden. So zeigen Kristina Hahn und Anna Holzscheiter (2013) an Beispielen zu Prostitution und Kinderarbeit, dass sich die betroffenen Gruppen aus dem globalen „Süden" von den NGOs aus dem globalen „Norden" nicht repräsentiert fühlen. Des Weiteren treten NGOs auch nicht für die Anliegen aller Gruppen ein, sondern nur für die Anliegen einiger. In diesem Kontext können NGOs als gatekeeper verstanden werden, die darüber entscheiden, die Stimmen welcher Stimmlosen auf der internationalen Bühne verlauten und wessen Interessen auf die Agenda internationaler Regierungsorganisationen gesetzt werden (Carpenter 2007).

Darüber hinaus kann das Handeln von INGOs auch nichtintendierte negative Folgen haben. Dies kann auf den Konkurrenzdruck zwischen den Organisationen, die sich um ihr eigenes organisationales Überleben kümmern müssen, zurückgehen. Nach dem Genozid in Ruanda hatten INGOs, die in den Flüchtlingslagern in Goma arbeiteten, den Verdacht, die Flüchtlingslager böten nicht nur den Opfern Schutz, sondern könnten auch als Rückzugsgebiete für die Täter dienen. Statt sich dem entgegenzustellen, haben viele INGOs geschwiegen und weiter ihre Arbeit verrichtet (Terry 2002). Zu groß war die Sorge, dass andere INGOs ihren Platz einnehmen und die ihnen zugesprochenen Gelder erhalten würden, wenn sie die Situation in den Flüchtlingslagern öffentlich machen würden und sich aus den Flüchtlingslagern zurückzögen (Cooley und Ron 2002).

5.2.5 INGOs und Security Governance: Multistakeholderprozesse zur Regulierung von PSMFs

Einige INGOs engagieren sich auch zum Thema Privatisierung von Sicherheit und PSMFs. Die Positionen, Funktionen und Strategien der INGOs sind jedoch sehr unterschiedlich. Einige INGOs lehnen PSMFs ab und begründen dies mit den von deren Mitarbeitern begangenen Menschenrechtsverletzungen und der Tatsache, dass PSMFs nicht an Sicherheit interessiert seien, weil sie nur dann Geld verdienen können, wenn es Unsicherheit, Gewalt und Konflikt gäbe (Joachim und Schneiker 2015). Diese INGOs führen oft Protestkampagnen gegen PSMFs durch. Sie organisieren beispielsweise Unterschriftenkampagnen oder Demonstrationen gegen die Firmen. Die INGO *War on Want* führt immer wieder Demonstrationen gegen private Sicherheits- und Militärfirmen durch und störte dabei auch eine Jahreshauptversammlung der PSMF *G4S*, indem Aktivisten in den Sitzungssaal eindrangen und ein „Stop G4S"-Plakat hochhielten (War on Want 2013).

Andere INGOs gehen jedoch davon aus, dass staatliche Sicherheitsakteure in vielen Kontexten zumindest kurz- und mittelfristig nur begrenzt dazu in der Lage sind, Sicherheit bereitzustellen und dass PSMFs daher eine wichtige Lücke schließen und somit einen positiven und wichtigen Beitrag zu Security Governance leisten können. Dies sind oftmals eher solche INGOs, die einen Think-Tank-Charakter haben und Strategien der Politikberatung verfolgen. Die Organisation *Saferworld* hat zum Beispiel eine Studie über die Rolle von PSMFs im Rahmen von Programmen zur Sicherheitssektorreform veröffentlicht (Richards und Smith 2007). Darin vertritt die Organisation die Ansicht, dass PSMFs einen wichtigen Beitrag zur Bereitstellung von Sicherheit leisten könnten, wenn sie denn effektiv reguliert würden (Richards und Smith 2007, S. 28). Einige dieser INGOs sind selbst Teil von Security-Governance-Prozessen, da sie an Multistakeholder-Prozessen zur freiwilligen Regulierung von PSMFs beteiligt sind, welche in den letzten Jahren entstanden sind.

Auf internationaler Ebene ist der Prozess zur Etablierung des *International Code of Conduct for Private Security Service Providers* (ICoC) zu nennen. An diesem Prozessen waren Vertreter der Industrie, der Zivilgesellschaft und von Regierungen im Rahmen institutionalisierter Prozesse beteiligt. Parallel zur Formulierung des ICoC hat zum Beispiel ein aus Vertretern der drei Sektoren zusammengesetztes temporäres Steuerungskommittee einen Governance- und Monitoring-Mechanismus zur Implementierung des ICoC entwickelt, für dessen Ausführung inzwischen eine extra hierfür gegründete Organisation, die *International Code of Conduct Association*, zuständig ist. Die in dem temporären Steuerungskommittee vertretenen NGOs waren *Human Rights Watch* und *Human Rights First*, die beide gemäßigte Positionen gegenüber PSMFs vertreten. Indem sehr kritische Stimmen aus der Zivilgesellschaft und NGOs aus dem globalen Süden nicht an dem Prozess beteiligt waren, war jedoch nur ein Teil der Zivilgesellschaft repräsentiert (Joachim und Schneiker 2015).

Die Beteiligung an solchen Multistakeholder-Prozessen bleibt nicht ohne Folgen für die beteiligten INGOs. Sie kann zum Beispiel den Handlungsspielraum der INGOs einschränken, weil die Organisationen durch eine Mitwirkung an solchen Prozessen zu Insidern werden und Outsider-Strategien zu dem betroffenen Thema nicht mehr anwenden können. Dies kann auch ein Grund für Organisationen sein, um sich nicht an solchen Prozessen zu beteiligen (Joachim und Schneiker 2015). Ein weiterer Grund kann sein, dass diese Prozesse ein sehr spezifisches und technisches Know-how voraussetzen, über das nicht viele INGOs verfügen und das anzueignen sehr viel Zeit und Ressourcen in Anspruch nimmt, über die aber INGOs meist nicht verfügen. Möglich ist auch, dass INGOs nicht an solchen Prozessen teilnehmen, weil sie in anderen Kontexten auf die Dienste von PSMFs angewiesen sind. Vor allem INGOs der humanitären Hilfe beauftragen teilweise zu ihrem Schutz im Feld PSMFs (z. B. Stoddard et al. 2009).

Einführende Literatur zum Thema NGOs

Frantz, Christiane und Kerstin Martens. 2006. *Nichtregierungsorganisationen (NGOs)*. Springer. Reihe: Elemente der Politik.

Dieses einführende Lehrbuch befasst sich zunächst mit der Begriffsbestimmung von NGOs, bevor die Geschichte von NGOs, ihre Funktionen und Akteursqualität erörtert sowie Fragen zur Legitimation der Organisationen diskutiert werden. Das Buch befasst sich mit NGOs im Allgemeinen und ist nicht auf den Bereich Sicherheit fokussiert.

> De Jonge Oudraat, Chantal und Virginia Haufler. 2008. *Global Governance and the Role of NGOs in International Peace and Security*. AICGS Policy Report 33.

Dies ist einer der wenigen allgemeineren Beiträge zu NGOs in der Sicherheitspolitik, der einen guten Einstieg zur Auseinandersetzung mit der Thematik liefert. Anhand zahlreicher Beispiele werden unterschiedliche Funktionen von NGOs im Sicherheitsbereich diskutiert.

6

Schlussbetrachtung

Dieses letzte Kapitel fasst nicht nur die bisherigen Inhalte kurz zusammen (Abschn. 6.1), sondern weist auch schlaglichtartig auf (neuere) Entwicklungen hin, die in diesem Buch nicht behandelt wurden, die aber für weitere Studien der Sicherheit in den internationalen Beziehungen relevant sein können, wie zum Beispiel Prozesse der Verrechtlichung oder Vorstellungen von Resilienz (Abschn. 6.2).

6.1 Resümee

Sicherheit ist ein wichtiges – und aus Perspektive der Theorieschule des Realismus gar das zentrale – Thema der Internationalen Beziehungen. Im Gegensatz zur nationalen Ebene besteht die Herausforderung für die internationale Politik darin, dass Sicherheit im internationalen System unter den Bedingungen der Anarchie erbracht werden muss. Das heißt im internationalen System gibt es keine über den Akteuren stehende Instanz, die verbindliche Regeln setzt und damit zusammenhängend Sicherheit schafft. Wie kann dann Sicherheit bereit gestellt werden? Wessen Sicherheit ist überhaupt relevant? Und wovor soll Sicherheit hergestellt werden? Diese Fragen müssen beantwortet werden, um zu bestimmen, was überhaupt gemeint ist, wenn in den Internationalen Beziehungen von Sicherheit die Rede ist. Antworten auf die *Fragen Sicherheit für wen oder was?*, *Sicherheit vor was?* und

Sicherheit mit welchen Mitteln? können unterschiedlich ausfallen. Sie sind abhängig von Zeit und Raum, aber auch von der jeweiligen theoretischen Perspektive, aus der sie betrachtet werden.

Während zum Beispiel in Westeuropa zu Beginn der 1960er-Jahre die Bedrohung vor allem von der Sowjetunion ausging, stellt derzeit der islamistische Terrorismus eine Bedrohung westlicher Gesellschaften dar. Während zum Beispiel aus Sicht der Theorieschule des Realismus allein die Sicherheit von Staaten relevant ist und Staaten versuchen, mit militärischen Mitteln der militärischen Bedrohung durch andere Staaten zu begegnen, geht die Theorieschule des Institutionalismus davon aus, dass Staaten mithilfe von internationalen Institutionen ihre Beziehungen derart verregeln können, dass sie ihre Konflikte mit friedlichen Mitteln lösen. Analytische Governance-Konzepte hingegen erfassen zunächst, welche Akteure überhaupt an der Bereitstellung von Sicherheit (oder auch Unsicherheit) beteiligt sind, egal ob sie staatlicher oder nichtstaatlicher Natur sind. Doch nichtstaatliche Akteure können nicht nur Produzenten von (Un-)Sicherheit sein, sondern auch Ziel der Sicherheitsproduktion. Konzepte wie Human Security und Normen wie die Responsibility to Protect haben die Sicherheit von Individuen und gesellschaftlichen Gruppen in den Fokus gerückt. Jene wird nicht nur von bewaffneten Konflikten bedroht, sondern auch durch zum Beispiel organisierte Kriminalität oder Epidemien. Entsprechend verliert militärische Macht zur Bearbeitung solcher Sicherheitsprobleme an Bedeutung und geraten nichtstaatliche Sicherheitsakteure in den Blick. Die Ausweitung der „Referenz-, Gefahren- und Sachdimension" (Daase 2009) ist immer vor dem Hintergrund politischer, gesellschaftlicher und wirtschaftlicher Entwicklungen zu betrachten. So kann die Entwicklung der Responsibility to Protect nur vor dem Hintergrund des Versagens der internationalen Gemeinschaft beim Schutz der Bevölkerung in Ruanda und Srebrenica vor Völkermord verstanden werden.

6.2 Ausblick

Die Verbrechen in Ruanda und Srebrenica haben die *Verrechtlichung von Sicherheit* in den internationalen Beziehungen befördert. So wurden nicht nur jeweils Sondertribunale eingerichtet, sondern 2002 nahm auch der Internationale Strafgerichtshof (IStGH), der für Völkermord, Verbrechen gegen die Menschlichkeit und Kriegsverbrechen (und zukünftig auch für das Verbrechen des Angriffskriegs) zuständig ist, seine Arbeit auf. Hieran wird einerseits die Relevanz von Internationalen Organisationen in der internationalen Sicherheit deutlich, aber andererseits auch deren Grenzen, denn der IStGH ist auf Staaten angewiesen, um zum Beispiel Urteile zu vollstrecken.

Staaten sind also nach wie vor zentrale Sicherheitsakteure und Sicherheitspolitik ist nach wie vor eine primär nationale Angelegenheit. Doch zeigt die Ausdifferenzierung der unterschiedlichen Sicherheitsdimensionen, dass Sicherheitspolitik heute sehr komplex ist. So werden Nichtregierungsorganisationen im Rahmen von Konzepten zur *zivil-militärischen Kooperation* in internationale Interventionen eingebunden, um humanitären Aspekten der Sachdimension von Sicherheit (Daase 2009) gerecht zu werden. Dadurch werden die Unabhängigkeit und die Nichtstaatlichkeit der Organisationen und gar ihre Identität in Frage gestellt. Einhergehend mit der Verschiebung von Bedrohungen zu Risiken in der Gefahrendimension (Daase 2009) befasst sich Sicherheitspolitik heutzutage weniger mit der Abwehr von Bedrohungen und mehr mit der Reduzierung von Verwundbarkeit. In diesem Kontext ist auch oft von *Resilienz* die Rede. Damit gemeint ist „die Widerstandsfähigkeit von Gesellschaften und politischen Systemen. Resilienz ist demnach die Fähigkeit einer Gemeinschaft oder einer Gesellschaft, Gefahren, denen sie ausgesetzt ist, und deren Folgen in angemessener Zeit und wirksam zu bewältigen bzw. sich ihnen anzupassen und sich von ihnen zu erholen, und zwar so, dass die lebensnotwendigen Grundstrukturen und Basisfunktionen bewahrt oder wiederhergestellt werden" (Tamminga 2015, S. 3). Bei Resilienz geht es entsprechend nicht mehr nur um das Handeln staatlicher Akteure, sondern den Einbezug der Zivilgesellschaft und privater Unternehmen in Sicherheitspolitik. Dies impliziert auch einen Transfer eines Teils der Verantwortung für Sicherheit auf nichtstaatliche Akteure innerhalb einer Gesellschaft. So ist jeder einzelne Bürger aufgefordert, verdächtiges Verhalten von Mitmenschen, zum Beispiel den Kauf großer Mengen an für den Bau von Bomben erforderlicher Chemikalien, sowie verdächtige Objekte, zum Beispiel vermeintlich herrenlose Gepäckstücke an Bahnhöfen und Flughäfen, zu melden.

Damit verbunden ist auch die Frage, wie viel Sicherheit staatliche Akteure bereitstellen und welche Aufgaben der Sicherheitsproduktion andere, zum Beispiel gesellschaftliche, Akteure übernehmen können und sollen. Die Antworten hierauf hängen nicht nur von theoretischen Perspektiven ab, sondern sind immer auch Ergebnis politischer Prozesse. Die Antworten verändern sich somit auch über Zeit, wie es zum Beispiel an der Zunahme privater Wachdienste in Deutschland oder privater Sicherheits- und Militärfirmen im Kontext bewaffneter Konflikte über die letzten Jahre deutlich wird. Beim Studium internationaler Sicherheit sollte man sich also immer des jeweiligen politischen, gesellschaftlichen, historischen und sozioökonomischen Kontextes des Untersuchungsgegenstandes bewusst sein. Solche Konzepte wie Resilienz machen dabei deutlich, dass der Untersuchungsgegenstand von Sicherheitsstudien nicht nur entsprechend kontextualisiert werden muss, sondern auch immer umfangreicher wird.

Literatur

Abrahamsen, Rita und Michael C. Williams. 2007. Securing the City: Private Security Companies and Non-state Authority in Global Governance. *International Relations* 21: 237–53.

Abrahamsen, Rita und Michael C. Williams. 2011. *Security Beyond the State. Private Security in International Politics*. Cambridge: Cambridge University Press.

Amnesty International. 2004. Sudan: Darfur: Rape as a weapon of war: sexual violence and its consequences. http://www.amnestyusa.org/node/55614. Zugegriffen: 10. Juni 2015.

Amnesty International. 2015a. Shop. https://shop.amnesty.de/. Zugegriffen: 28 September 2015.

Amnesty International. 2015b. Über Amnesty. https://www.amnesty.de/ueber-amnesty. Zugegriffen: 28. September 2015.

Amnesty International. 2015c. Die Bewegung. https://www.amnesty.de/die-bewegung?destination=node%2F2774. Zugegriffen: 28. September 2015.

Andrei, Verena und Volker Rittberger. 2005. Deutsche Außenpolitik. In *Handbuch politisches System der Bundesrepublik Deutschland*, Hrsg. Oscar W. Gabriel und Everhard Holtmann, 829–888. München und Wien: Oldenbourg.

Arloth, Jana und Frauke Lisa Seidensticker. 2011. *Frauen als Akteurinnen in Friedensprozessen*. Begleitstudie zum Werkstattgespräch „Frauen und bewaffnete Konflikte" anlässlich des 10. Jahrestages der UN-Resolution 1325. Berlin: Deutsches Institut für Menschenrechte.

Auswärtiges Amt. 2010. Frauen, Frieden und Sicherheit. http://www.auswaertiges-amt.de/diplo/de/Aussenpolitik/InternatOrgane/

VereinteNationen/Schwerpunkte/Frauen-Konfliktpraevention.html#t2. Zugegriffen: 07. Juli 2010

Auswärtiges Amt. 2015. http://www.auswaertiges-amt.de/DE/ Aussenpolitik/Friedenspolitik/Abruestung/Nukleares/IAEO_node. html. Zugegriffen: 09. April 2015.

Avant, Deborah. 2005. *The Market for Force. The Consequences of Privatizing Security*. Cambridge: Cambridge University Press.

Baldwin, David A. 1997. The concept of security. *Review of International Studies* 23 (1): 5–26.

Balzacq, Thierry. 2005. The Three Faces of Securitization: Political Agency, Audience and Context. *European Journal of International Relations* 11 (2): 171–201.

Bangel, Christian. 2014. Bürgerwehren in Brandenburg. Die Angst geht auf Streife. http://www.zeit.de/politik/deutschland/2014-05/ buergerwehr-in-deutschland/komplettansicht. Zugegriffen: 05. August 2015.

Barrett Frank J. 1996. The Organizational Construction of Hegemonic Masculinity: The Case of the US Navy. *Gender, Work and Organization* 3 (3): 129–142.

Baumgärtner, Ulrike. 2010. Gleichstellung der Geschlechter in der UN-Verwaltung im Bereich Friedenskonsolidierung. *Sicherheit und Frieden* 28 (1): 13–20.

Bellamy, Alex J. und Nicholas J. Wheeler. 2008. Humanitarian Intervention in World Politics. In: *The Globalization of World Politics. An introduction to international relations*, Hrsg. John Baylis, Steve Smith und Patricia Owens, 522–539. 4. Aufl. Oxford: Oxford University Press.

Benner, Thorsten. 2012. Brasilien als Normunternehmer: die „Responsibility While Protecting". *Vereinte Nationen* 6: 251–256.

Berndt, Christina und Daniela Kuhr. 2011. Gefährliches Gemüse. 21.05.2011, http://www.sueddeutsche.de/wissen/toedlicher-ehec-erreger-gefaehrliches-gemuese-1.1102153. Zugegriffen: 08. Januar 2016.

Berndtsson, Joakim. 2012. Security Professionals for Hire: Exploring the Many Faces of Private Security Expertise. *Millennium: Journal of International Studies* 40 (2): 303–320.

Berndtsson, Joakim und Maria Stern. 2013. Sweden: public servants from the private sector. In: *Commercialising Security in Europe. Political Consequences for Peace Operations,* Hrsg. Anna Leander, 58–78. London und New York: Routledge.

Bethke Elstain, Jean. 1987. *Women and War.* Chicago and London: The University of Chicago Press.

Beyani, Chaloka und Lilly Damian. 2001. Regulating Private Military Companies: Options for the UK Government. London: International Alert. http://psm.du.edu/media/documents/reports_and_stats/ngo_reports/intlalert_beyani_regulating_pmcs_2001.pdf. Zugegriffen: 23. November 2010.

Binder, Martin. 2005. Private Sicherheits- und Militäranbieter im Dienste westlicher Demokratien: Die Bürgerkriege in Bosnien-Herzegowina und Sierra Leone. *Die Friedenswarte* 80 (1–2): 131–151.

Bloom, Mia. 2011. *Bombshell. Women and Terrorism.* University of Pennsylvania Press.

BMVg. 2006. *Weißbuch 2006 zur Sicherheitspolitik Deutschlands und zur Zukunft der Bundeswehr.* Berlin.

BMVg. 2015. Von der Leyen verspricht den baltischen Staaten Unterstützung. 15.04.2015, http://www.bmvg.de/portal/a/bmvg/!ut/p/c4/NYtNC8IwEET_UTaBIujN0ouIFxG1vaVpSFfzxXZbL_54k4Mz8A7zGBigNOoNnWZMUXt4Qm_wMH7EGDYnXmmlsooFzWxptshLTh4Z3_Co18kKk6LlSraRsdCR5kQiJ2JfzUpUjMAJeqm6Vir5j_ru7-fLcNs1TXdqr5BDOP4Ay2fSmw!!/, Zugegriffen: 05. Juni 2015.

von Boemcken, Marc und Clara Schmitz-Pranghe. 2012. Peru. In: *Commercial Security and Development Findings from Timor-Leste, Liberia and Peru,* Hrsg. Marc von Boemcken, 49–63. Bonn: BICC Brief 45.

Booth, Ken. 1991. Security and Emancipation. *Review of International Studies* 17 (4): 313–326.

Börzel, Tanja A. 2006. European Governance – nicht neu, aber anders. In: *Governance-Forschung. Vergewisserung über Stand und Entwicklungslinien*, 2. Aufl., Hrsg. Gunnar Folke Schuppert, 72–94. Baden-Baden: Nomos.

Börzel, Tanja und Thomas Risse. 2005. Public-Private Partnerships: Effective and Legitimate Tools of Transnational Governance? In: *Complex Sovereignty: Reconstructing Political Authority in the Twenty-first Century*, Hrsg. Edgar Grande und Louis W. Pauly, 195–216. Toronto: University of Toronto Press.

Branović, Željko und Sven Chojnacki. 2007. Söldner mit neuer Mission. Die Privatisierung von Sicherheit bei militärischen Auslandseinsätzen. *Internationale Politik* 62 (5): 158–167.

Breedlove, Philip M. 2015. Die Russen nutzen alle Werkzeuge. Interview mit Philip M. Breedlove. *Die Zeit* 5/2015, 29. Januar 2015. http://www.zeit.de/2015/05/ukraine-putin-europa-krieg-nato. Zugegriffen: 05. Juni 2015.

Brunner, Claudia. 2005. Female suicide bombers – Male suicide bombing? Looking for Gender in reporting the suicide bombings of the Israeli-Palestinian conflict. *Global Society* 19 (1): 29–48.

Bryden, Alan und Marina Caparini (Hrsg.). 2006. *Private Actors and Security Governance*. Wien et al.: LIT Verlag.

Bundesregierung. 2004. *Aktionsplan "Zivile Krisenprävention, Konfliktlösung und Friedenskonsolidierung"*. Berlin.

Bundeswehr. 2015. Die Kosovo Force: Beitrag zur Vernetzten Sicherheit. http://www.bundeswehr.de/portal/a/bwde/!ut/p/c4/DcoxDoAwCADAt_gB2N38hXYDJYZQwYSmTXy9za2HBSenrjc1DaeKOx6nrjyAxyUg6knSPoFHM-cQB6Zq5GCR0QNf25YfDjFYdw!!/. Zugegriffen: 6. Juni 2015.

Buzan, Barry, Ole Wæver und Jaap de Wilde. 1998. *Security. A New Framework for Analysis*. London: Boulder.

BVerfGE. 1994. Entscheidungen des Bundesverfassungsgerichts. Bd. 90: 286.

CAAT. 2015. Block the Factory. https://www.blockthefactory.org/call-out/. Zugegriffen: 11. Juni 2015.

Caballero-Anthony, Mely. 2008. Die Etablierung von menschlicher Sicherheit innerhalb eines neuen globalen Sicherheitsumfeldes. Perspektiven aus Asien. In: *Menschliche Sicherheit. Globale Herausforderungen und regionale Perspektiven,* Hrsg. Cornelia Ulbert und Sascha Werthes, 149–164. Baden-Baden: Nomos.

Caparini, Marina. 2006. Applying a Security Governance Perspective to the Privatisation of Security. In: *Private Actors and Security Governance,* Hrsg. Alan Bryden und Marina Caparini, 263–282. Wien et al.: LIT Verlag.

Carpenter, Charli. 2007. Studying Issue (Non)-Adoption in Transnational Advocacy Networks. *International Organization* 61 (3): 643–67.

Carreiras, Helena. 2006. *Gender and the Military: Women in the Armed Forces of Western Democracies.* London: Routledge.

Center for Constitutional Rights. 2015. Accountability for Abu Ghraib Torture by Private Military Contractors. http://ccrjustice.org/sites/default/files/assets/PMC%20factsheet%2012.03.pdf. Zugegriffen: 10. Juni 2006.

Chandler, David. 2011. Rethinking global discourses of security. In: *Critical Perspectives on Human Security. Rethinking emancipation and power in international relations*, Hrsg. David Chandler und Nik Hynek, 114–128. London und New York: Routledge.

Chesterman, Simon und Chia Lehnardt (Hrsg.). 2007. *From Mercenaries to Market. The Rise and Regulation of Private Military Companies*. Oxford: Oxford University Press.

Chojnacki, Sven. 2007. (Un-)Sicherheit, Gewalt und Governance – theoretische Herausforderungen für die Sicherheitsforschung. In: *Staatszerfall und Governance,* Schriften zur Governance-Forschung, Bd. 7, Hrsg. Marianne Beisheim und Gunnar Folke Schuppert, 236–262. Baden Baden: Nomos.

Christou, George, Stuart Croft, Michela Ceccorulli und Sonia Lucarelli. 2010. European Union security governance: putting the „security" back in. *European Security* 19 (3): 341–359.

Cohn, Carol. 2008. Mainstreaming Gender in UN Security Policy: A Path to Political Transformation? In: *Global Governance. Feminist Perspectives,*

Hrsg. Shirin M. Rai und Georgina Waylen, 185–206. Basingstoke: Palgrave Macmillan.

Cooley, Alexander und James Ron. 2002. The NGO Scramble: Organizational Insecurity and the Political Economy of Transnational Action. *International Security* 27 (1): 5–39.

Czempiel, Ernst-Otto. 1981. *Internationale Politik. Ein Konfliktmodell*. Paderborn: UTB für Wissenschaft.

Czempiel, Ernst-Otto. 1986. *Friedensstrategien. Systemwandel durch Internationale Organisation, Demokratisierung und Wirtschaft*. 2. Aufl. Paderborn et al.: Schöningh.

Daase, Christopher. 2009. Der erweiterte Sicherheitsbegriff. In: *Internationale Politik als Überlebensstrategie*, Hrsg. Mir Ferdowsi, 137–153. München: Bayerische Landeszentrale für politische Bildungsarbeit.

Daase, Christopher. 2013. Die Legalisierung der Legitimität. Zur Kritik der Schutzverantwortung als *emerging norm*. In: Internationale Schutzverantwortung – Normative Erwartungen und politische Praxis. Sonderheft der Zeitschrift *Die Friedenswarte* 88(1-2), Hrsg. Christopher Daase und Julian Junk, 41–62.

Dallaire, Roméo. 2004. *Shake hands with the devil. The failure of humanity in Rwanda*. Arrow Books.

Dany, Charlotte und Andrea Schneiker. 2015. Internationale NGOs: Experten, Anwälte und Aktivisten. *Entwicklung und Zusammenarbeit* 10: 21.

Debiel, Tobias und Sascha Werthes. 2005. Human Security – Vom politischen Leitbild zum integralen Bestandteil eines neuen Sicherheitskonzepts? *Sicherheit und Frieden* 23 (1): 7–14.

Deiseroth, Dieter. 2009. Fundamentale Differenz. Ist die NATO ein Verteidigungsbündnis oder ein „System gegenseitiger kollektiver Sicherheit"? *Wissenschaft & Frieden* 1: 12–16.

Deitelhoff, Nicole. 2006. *Überzeugung in der Politik – Grundzüge einer Diskurstheorie internationalen Regierens*. Berlin: Suhrkamp.

Deitelhoff, Nicole. 2013. Scheitert die Norm der Schutzverantwortung? Der Streit um Normbegründung und Normanwendung der R2P. *Die Friedenswarte* 88 (1–2): 17–39.

Deitelhoff, Nicole und Anna Geis. 2007. Warum Reformen nicht allein an Effektivitätssteigerung gemessen werden sollten. Das Beispiel der Sicherheitspolitik. In: *Staat und Gesellschaft – fähig zur Reform?*, 23. wissenschaftlicher Kongress der Deutschen Vereinigung für Politische Wissenschaft, Hrsg. K. D. Wolf, 303–327. Baden-Baden: Nomos.

Dembinski, Matthias. 2006. Schaffen internationale Organisationen Frieden? NATO, EU und der griechisch-türkische Konflikt. *HSFK-Report* 3/2006. Frankfurt am Main: Hessische Stiftung für Friedens- und Konfliktforschung.

Dembinski, Matthias. 2009. NGOs and security. The case of the European Union. In: *Transnational Activism in the UN and the EU. A comparative study*, Hrsg. Jutta Joachim und Birgit Locher, 154–168. London: Routledge.

Deutsch, Karl W. 1957. *Political community and the North Atlantic area: international organization in the light of historical experience*. Princeton: Princeton University Press.

DeWinter-Schmitt, Rebecca (Hrsg.). 2013. Montreux Five Years On: An Analysis of State Efforts to Implement Montreux Document Legal Obligations and Good Practices. https://www.wcl.american.edu/humright/center/resources/publications/documents/YESMontreuxFv31.pdf. Zugegriffen: 11. Februar 2016.

Die Welt online. 2014. Energiesicherheit der Welt ist nicht gewährleistet. 03.06.2014, http://www.welt.de/wirtschaft/energie/article128697387/Energiesicherheit-der-Welt-ist-nicht-gewaehrleistet.html. Zugegriffen: 27. August 2015.

Die Zeit. 2006. Sicherheit für die Kunst und ihren Markt. 23.02.2006, 54.

Die Zeit. 2013. Der Hering ist sicher. 04.07. 2013, 23.

Diehl, Paul F., Jennifer Reifschneider und Paul R. Hensel. 1996. United Nations Intervention and Recurring Conflict. *International Organization* 50 (4): 683–700.

Dobbins, James, Seth G. Jones, Keith Crane, Andrew Rathmell, Brett Steele, Richard Teltschik und Anga Timilsina. 2005. *The UN's Role in Nation-Building. From the Congo to Iraq*. Santa Monica, CA: RAND Corporation.

Doyle, Michael W. 1983. Kant, liberal legacies, and foreign affairs. *Philosophy and Public Affairs* 12 (3): 205–235.

Doyle, Michael und Nicholas Sambanis. 2006. *Making War and Building Peace. United Nations Peace Operations.* Princeton and Oxford: Princeton University Press.

Dunigan, Molly. 2011. *Victory for Hire.* Stanford, California: Stanford University Press.

Europäisches Parlament. 2010. Implementation of EU Policies following the UN Security Council Resolution 1325. EXPO/B/DROI/2009/26. http://www.europarl.europa.eu/RegData/etudes/etudes/join/2010/410205/EXPO-DROI_ET(2010)410205_EN.pdf. Zugegriffen: 11. Februar 2016.

Feron, Elise. 2015. Suffering in Silence? The Silencing of Sexual Violence Against Men in War Torn Countries. In: *World Suffering and Quality of Life,* Hrsg.: Ron Anderson, 31–44. Springer.

Frantz, Christiane. 2010. Nichtregierungsorganisationen (NGOs) als internationale Akteure. In: *Einführung in die Politikwissenschaft*, Hrsg. Christiane Frantz und Klaus Schubert, 190–199. Münster et al.: LIT Verlag.

Gallie, Walter B. 1956. Essentially contested concepts. *Proceedings of the Aristotelian Society* 56: 167–198.

Gareis, Sven Bernhard und Johannes Varwick. 2014. *Die Vereinten Nationen. Aufgaben, Instrumente und Reformen.* 5. aktualisierte und erweiterte Aufl. Bonn: Bundeszentrale für politische Bildung. Schriftenreihe Bd. 1446.

Gathmann, Florian und Anna Reimann. 2011. Bahrs Ehec-Krisenmanagement: Verseucht, verheddert, vermurkst. 06.06.2011, http://www.spiegel.de/politik/deutschland/bahrs-ehec-krisenmanagement-verseucht-verheddert-vermurkst-a-766839.html. Zugegriffen: 08. Januar 2016

Geis, Anna, Lothar Brock und Harald Müller (Hrsg.). 2006. *Democratic Wars. Looking at the Dark Side of Democratic Peace.* Houndmills: Palgrave Macmillan.

Giegerich, Bastian. 2012. *Die NATO*. Wiesbaden: Springer. Reihe Elemente der Politik.

Haftendorn, Helga. 1991. The Security Puzzle: Theory-Building and Discipline-Building in International Security. *International Studies Quarterly* 35 (1): 3–17.

Hahn, Kristina und Anna Holzscheiter. 2013. The Ambivalence of Advocacy: Representation and Contestation in Global NGO Advocacy for Child Workers and Sex Workers. *Global Society* 27 (4): 497–520.

Hampson, Fen Osler, Jean Daudelin, John B. Hay, Todd Martin und Holly Reid. 2002. *Madness in the Multitude. Human Security and World Disorder*. Oxford: Oxford University Press.

Hasenclever, Andreas. 2003. Liberale Ansätze zum „demokratischen Frieden". In: *Theorien der Internationalen Beziehungen,* Hrsg. Siegfried Schieder und Manuela Spindler, 199–225. Opladen: Leske + Budrich.

Hebert, Laura. 2012. Analyzing UN and NATO Responses to Sexual Misconduct in Peacekeeping Operations. In: *Making Gender, Making War. Violence, Military and Peacekeeping Practices,* Hrsg. Annica Kronsell und Erika Svedberg, 107–120. London und New York: Routledge.

Herz, John. 1974. Idealistischer Internationalismus und das Sicherheitsdilemma. In: *Staatenwelt und Weltpolitik,* John Herz, 39–56. Hamburg: hoffmann und campe.

Hinsch, Wilfried und Dieter Janssen. 2006. *Menschenrechte militärisch schützen. Ein Plädoyer für humanitäre Interventionen*. Bonn: Bundeszentrale für politische Bildung. Schriftenreihe Bd. 584.

Hofmann, Wilhelm, Nicolai Dose und Dieter Wolf. 2007. *Politikwissenschaft*. Konstanz: UVK Verlagsgesellschaft

Hönke, Jana. 2009. Sicherheit in Räumen begrenzter Staatlichkeit. *Aus Politik und Zeitgeschichte* 8: 15–21.

Hopgood, Stephen. 2008. Saying ‚No' to Wal-Mart? Money and Morality in Professional Humanitarianism. In *Humanitarianism in Question: Politics, Power, Ethics*, Hrsg. Michael Barnett und Thomas G. Weiss, 98–123. Ithaca, NY: Cornell University Press.

ICBL. 2015. Treaty Status. http://www.icbl.org/en-gb/the-treaty/treaty-status.aspx. Zugegriffen: 12. Mai 2015.

ICISS. 2001. *The Responsibility to Protect. Report of the International Commission on Intervention and State Sovereignty*. Ottawa: International Development Research Centre.

Janker, Katrin. 2015. Wenn eine Frau so viel kostet wie eine Flasche Wasser. Süddeutsche Zeitung online. 19.06.2015, http://www.sueddeutsche.de/politik/ausbeutung-durch-un-blauhelme-wenn-eine-frau-so-viel-kostet-wie-eine-flasche-wasser-1.2524555. Zugegriffen: 05. Februar 2016.

Joachim, Jutta. 2003. Framing Issues and Seizing Opportunities: The UN, NGOs, and Women's Rights. *International Studies Quarterly* 47: 247–274.

Joachim, Jutta und Andrea Schneiker. 2012. Changing Discourses, Changing Practices? Gender Mainstreaming and Security. *Comparative European Politics* 10 (5): 528–563, advance online publication, doi:10.1057/cep.2011.35.

Joachim, Jutta und Andrea Schneiker. 2015. NGOs and the Price of Governance: The Trade-Offs between Regulating and Criticizing Private Military and Security Companies. *Critical Military Studies* 1 (3): 185–201.

de Jonge Oudraat, Chantal and Virginia Haufler. 2008. *Global Governance and the Role of NGOs in International Peace and Security. AICGS Policy Report*. Washington, DC: American Institute for Contemporary German Studies.

Kaldor, Mary. 1999. *New and Old Wars. Organized Violence in a Global Era*. Standford, California: Stanford University Press.

Kant, Immanuel. 2008 (1795). *Zum ewigen Frieden*. Stuttgart: Reclam Verlag.

Kätzel, Ute. o. J. Frauenfriedensbewegung. Materialien. http://87.106.4.207/service/unter/f_beweg/ktzel_02.htm#Anker829586. Zugegriffen: 07. Mai 2015.

Katzenstein, Peter J. 1996. Introduction: Alternative Perspectives on National Security. In: *The Culture of National Security. Norms and Identity in World Politics,* Hrsg. Peter J. Katzenstein, 1–32. New York: Columbia University Press.

Kaufmann, Chaim. 2004. Threat Inflation and the Failure of the Marketplace of Ideas. *International Security* 29 (1): 5–48.

Keohane, Robert O. und Joseph Nye, Jr. 1977. *Power and Interdependence: World Politics in Transition.* Boston: Little, Brown.

Kohler-Koch, Beate. 1998. Einleitung. Effizienz und Demokratie: Probleme des Regierens in entgrenzten Räumen. In: *Regieren in entgrenzten Räumen,* Hrsg. Beate Kohler-Koch, Politische Vierteljahresschrift, Sonderheft 29, 11–25. Wiesbaden: Opladen.

Krahmann, Elke. 2008. Security: Collective Good or Commodity? *European Journal of International Relations* 14 (3): 379–404.

Krahmann, Elke. 2010. Beck and beyond: selling security in the world risk society. *Review of International Studies* 37 (1): 349–372.

Krahmann, Elke und Cornelius Friesendorf. 2011. Debatte vertagt? Militär- und Sicherheitsfirmen in deutschen Auslandseinsätzen. *HSFK-Report* 8/2011. Frankfurt am Main: Hessische Stiftung für Friedens- und Konfliktforschung.

Krasner, Stephen D. 1989 (1983). Structural causes and regime consequences: regimes as intervening variables. In: *International Regimes,* 5. Aufl., Hrsg. Stephen D. Krasner, 1–21. Ithaca, London: Cornell University Press.

Krell, Gert. 2004. *Weltbilder und Weltordnung. Einführung in die Theorie der Internationalen Beziehungen.* 3. erweiterte Aufl. Baden-Baden: Nomos.

Kruck, Andreas. 2014. Theorising the use of private military and security companies: a synthetic perspective. *Journal of International Relations and Development* 17: 112–141.

Kühne, Winrich. 2005. Die Friedenseinsätze der VN. *Aus Politik und Zeitgeschichte* 22: 25–32.

Leander, Anna. 2005. The Market for Force and Public Security: The Destabilizing Consequences of Private Military Companies. *Journal of Peace Research* 42 (5): 605–622.

Locher, Birgit. 1997. Internationale Beziehungen aus der Geschlechterperspektive. *Internationale Politik und Gesellschaft* 1: 5–24.

Major, Claudia und Elisabeth Schöndorf. 2011. Umfassende Ansätze, vernetzte Sicherheit. Komplexe Krisen erfordern effektive Koordination und politische Führung. SWP-Aktuell. 22.04.2011, https://www.swp-berlin.org/fileadmin/contents/products/aktuell/2011A22_mjr_snf_ks.pdf. Zugegriffen: 12.02.2016.

Malik, Shahin. 2015. Challenging orthodoxy. Critical Security Studies. In: *International Security Studies. Theory and Practice,* Hrsg. Peter Hough, Shahin Malik, Andrew Moran und Bruce Pilbeam, 31–43. New York und London: Routledge.

Mandelbaum, Michael. 1994. The Reluctance to Intervene. *Foreign Policy* 95: 3–18.

Märker, Alfredo und Beate Wagner. 2005. Vom Völkerbund zu den Vereinten Nationen. *Aus Politik und Zeitgeschichte* 22: 3–10.

Mayntz, Renate. 2006. Governance Theory als fortentwickelte Steuerungstheorie? In: *Governance-Forschung. Vergewisserung über Stand und Entwicklungslinien,* 2. Aufl., Hrsg. Gunnar Folke Schuppert, 11–20. Baden-Baden: Nomos.

McDonald, Matt. 2008. Constructivism. In: *Security Studies. An Introduction,* Hrsg. Paul D. Williams, 59–72. London und New York: Routledge.

Mearsheimer, John J. 2001. *The Tragedy of Great Power Politics.* New York: W.W. Norton.

Mearsheimer, John J. 2009. Warum herrscht Frieden in Europa? *Leviathan* 37: 519–531.

Mello, Patrick. 2014. *Democratic Participation in Armed Conflict. Military Involvement in Kosovo, Afghanistan, and Iraq.* Palgrave Macmillan.

Merle, Renae. 2006. Census Counts 100,000 Contractors in Iraq. Civilian Number, Duties Are Issues. washingtonpost.com. 05.12.2006, http://www.washingtonpost.com/wp-dyn/content/article/2006/12/04/AR2006120401311_pf.html. Zugegriffen: 21. Mai 2008.

Mingst, Karen A. und Karns, Margaret P. 2012. *The United Nations in the 21st Century.* 4. Aufl. Boulder: Westview Press.

Moravcsik, Andrew. 1997. Taking Preferences Seriously: A Liberal Theory of International Politics. *International Organization* 51 (4): 513–524.

Morgenthau, Hans J. 1948: Politics among Nations. The struggle for power and peace. New York: Knopf.

Morgenthau, Hans J. 1963. *Macht und Frieden. Grundlegung einer Theorie der Internationalen Beziehungen.* Gütersloh: Bertelsmann.

Müller-Hennig, Marius, Bodo Schulze und Natascha Zupan. 2011. Entwicklung in unsicheren Gefilden. FriEnt Briefing 10, 3/2011. Bonn: Arbeitsgemeinschaft Frieden und Entwicklung.

Münkler, Herfried. 2002. Die neuen Kriege. Bonn: Bundeszentrale für politische Bildung. Schriftenreihe Bd. 387.

NATO. 1949. Der Nordatlantikvertrag. http://www.nato.int/cps/en/natolive/official_texts_17120.htm?blnSublanguage=true&selectedLocale=de. Zugegriffen: 08. Februar 2016.

NATO. 1999. Strategisches Konzept von 1999. http://www.nato.diplo.de/contentblob/2153424/Daten/324331/StrategKonzWash1999_DownlDat.pdf. Zugegriffen: 05. Juni 2015

NATO. 2010. Strategisches Konzept für die Verteidigung und Sicherheit der Mitglieder der Nordatlantikvertrags-Organisation, von den Staats- und Regierungschefs in Lissabon verabschiedet. Aktives Engagement, moderne Verteidigung. http://www.nato.diplo.de/contentblob/2970688/Daten/971427/strat_Konzept_Lisboa_DLD.pdf. Zugegriffen: 05. Mai 2015.

NATO. 2014. Gipfelerklärung von Wales. http://www.nato.diplo.de/contentblob/4325924/Daten/4919181/gipfelerklaerungwales.pdf. Zugegriffen: 05. Juni 2015.

NATO. 2015a. Resolute Support Mission. http://www.nato.int/nato_static_fl2014/assets/pdf/pdf_2015_02/20150227_1502-RSM-Placemat.pdf. Zugegriffen: 06. Juni 2015.

NATO. 2015b. Counter-piracy operations. http://www.nato.int/cps/en/natolive/topics_48815.htm. Zugegriffen: 06. Juni 2015.

NATO. 2016. Women, peace and security. http://www.nato.int/cps/en/natohq/topics_91091.htm. Zugegriffen: 21. Januar 2016.

Navari, Cornelia. 2008. Liberalism. In: *Security Studies. An Introduction* Williams, Hrsg. D. Paul, 29–43. London und New York: Routledge.

NCGM. 2016. Nordic Centre for Gender in Military Operations. http://www.forsvarsmakten.se/siteassets/english/swedint/engelska/swedint/nordic-centre-for-gender-in-military-operations/ncgm-folder-2015-04-16.pdf. Zugegriffen: 23. Januar 2016.

Nitschmann, Johannes. 2010. Deutsche Elitepolizisten schulten libysche Truppen. 17.05.2010, http://www.sueddeutsche.de/politik/nordrhein-westfalen-deutsche-elitepolizisten-schulten-libysche-truppen-1.271494. Zugegriffen: 25. September 2013.

Nobel Foundation. 1985. The Nobel Peace Prize for 1985. http://www.nobelprize.org/nobel_prizes/peace/laureates/1985/press.html. Zugegriffen: 12. Mai 2015.

Percy, Sarah. 2009. Private Security Companies and Civil Wars. *Civil Wars* 11: 57–74.

Rees, T. 2005. Reflections on the uneven development of gender mainstreaming in Europe. *International Feminist Journal of Politics* 7 (4): 555–574.

Richards, Anna und Henry Smith. 2007. *Addressing the role of private security companies within security sector reform programmes*. London: Saferworld.

Rimli, Lisa und Susanne Schmeidl. 2007. Private Security Companies and Local Populations. An exploratory study of Afghanistan and Angola. swisspeace. http://www.swisspeace.ch/typo3/fileadmin/user_upload/pdf/PSC_01.pdf. Zugegriffen: 28. November 2007

Risse, Thomas. 2005. Governance in Räumen begrenzter Staatlichkeit. „Failed States" werden zum zentralen Problem der Weltpolitik. *Internationale Politik* 60 (9): 6–22.

Risse, Thomas und Ursula Lehmkuhl. 2007. Governance in Räumen begrenzter Staatlichkeit: Anmerkungen zu konzeptionellen Problemen der gegenwärtigen Governance-Diskussion. In: *Staatszerfall und Governance,* Schriften zur Governance-Forschung, Bd. 7, Hrsg. Marianne Beisheim und Gunnar Folke Schuppert, 144–159. Baden-Baden: Nomos.

Risse-Kappen, Thomas. 1996. Collective Identity in a Democratic Community: The Case of NATO. In: *The Culture of National Security. Norms and Identity in World Politics,* Hrsg. Peter J. Katzenstein, 357–399. New York: Columbia University Press.

Rittberger, Volker, Andreas Kruck und Anne Romund. 2010. *Grundzüge der Weltpolitik. Theorie und Empirie des Weltregierens.* Wiesbaden: VS Verlag.

Rühl, Lothar. 2000. Kollektive Sicherheit und Allianzen. In: *Weltpolitik im neuen Jahrhundert,* Hrsg. Karl Kaiser und Hans-Peter Schwarz, 519–539. Bonn: Bundeszentrale für politische Bildung. Schriftenreihe Band 364.

Russett, Bruce M. und John R. Oneal. 2001. *Triangulating Peace: Democracy, Interdependence, and International Organizations.* New York: Norton.

Rygiel K. 2006. Protecting and Providing Identity: The Biopolitics of Waging War through Citizenship in the Post-9/11 Era. In: *(En)Gendering the War on Terror. War Stories and Camouflaged Politics,* Hrsg. K. Hunt und K. Rygiel, 145–167. Aldershot: Ashgate.

Saferworld. 2014. Report and accounts. For the year ended. 31.03.2014, http://www.saferworld.org.uk/resources/view-resource/840-report-and-accounts-2013-14. Zugegriffen: 08. Juni 2015.

Saferworld 2015. EU arms transparency tracker. http://www.saferworld.org.uk/eureporting/. Zugegriffen: 10. Juni 2015.

Sandholtz, Wayne. 2008. Dynamics of International Norm Change: Rules against Wartime Plunder. *European Journal of International Relations* 14: 101.

Schieder, Siegfried. 2003. Neuer Liberalismus. In: *Theorien der Internationalen Beziehungen,* Hrsg. Siegfried Schieder und Manuela Spindler, 169–198. Opladen: Leske + Budrich.

Schimmelfennig, Frank. 2013. *Internationale Politik.* 3. Aufl. Paderborn: Ferdinand Schöningh.

Schreier, Fred und Marina Caparini. 2005. *Privatising Security: Law, Practice and Governance of Private Military and Security Companies.* Occasional Paper 6. Genf: Geneva Centre for the Democratic Control of Armed Forces (DCAF).

Schweizerische Eidgenossenschaft und IKRK. 2008. The Montreux Document on pertinent international legal obligations and good practices for States related to operations of private military and security companies during armed conflict. https://www.icrc.org/eng/assets/files/other/icrc_002_0996.pdf. Zugegriffen: 12. Februar 2016.

Securitas. 2013a. Annual Report 2012. http://www.securitas.com/Global/_DotCom/Annual%20reports/Annual%20Report%202012.pdf. Zugegriffen: 13. August 2013.

Securitas. o. J. Hilfspolizisten in Hessen. http://www.securitas.com/Global/Germany/documents/de/case_hessische_kommunen.pdf. Zugegriffen: 29. September 2015.

Seliger, Marco. 2013. Aktive Soldaten bei Sicherheitsunternehmen. Im privaten Kampfeinsatz. 28.04.2013, http://www.faz.net/aktuell/politik/inland/aktive-soldaten-bei-sicherheitsunternehmen-im-privaten-kampfeinsatz-12164581.html. Zugegriffen: 25. September 2013.

Sharoni S. 2008. De-Militarizing Masculinities in the Age of Empire. *Österreichische Zeitschrift für Politikwissenschaft* 37 (2): 147–164.

Singer, Peter W. 2004. The Private Military Industry and Iraq: What Have We Learned and Where to Next? Policy Paper. Genf: Geneva Centre for the Democratic Control of Armed Forces (DCAF).

Singer, Peter W. 2006. Die Kriegs-AGs. Über den Aufstieg der privaten Militärfirmen. Frankfurt: Zweitausendeins.

Smith, Steven. 2010. Introduction: Diversity and Disciplinarity in International Relations Theory. In: *International Relations Theories. Discipline and Diversity*, 2. Aufl., Hrsg. Tim Dunne, Milja Kurki und Steven Smith, 1–13. Oxford: Oxford University Press.

Sperling, James und Mark Webber. 2014. Security governance in Europe: a return to system. *European Security* 23 (2): 126–144.

Stahl, Bernhard. 2014. *Internationale Politik verstehen*. Opladen und Toronto: Verlag Barbra Budrich.

Ständige Vertretung. 2015. Ständige Vertretung der Bundesrepublik Deutschland bei der Nordatlantikvertrags-Organisation Brüssel. Militärische Operationen. http://www.nato.diplo.de/Vertretung/nato/de/04/Milit_C3_A4r.__Operationen/Milit_C3_A4rische__Operationen__Unterbereich.html. Zugegriffen: 06. Juni 2015.

Stoddard, Abby, Adele Harmer und Victoria di Domenico. 2009. Private Security Contracting in Humanitarian Operations. HPG Policy Brief 33. London: ODI.

Stritzel, Holger. 2014. Security in Translation: Securitization Theory and the Localization of Threat. Palgrave Macmillan.

Süddeutsche Zeitung online. 2015. Südafrika hält Sudans Präsident Al-Bashir fest. 14. Juni 2015, http://www.sueddeutsche.de/politik/haftbefehl-suedafrika-haelt-sudans-praesident-al-baschir-fest-1.2520554. Zugegriffen: 28. Januar 2016.

Süddeutsche Zeitung. 2014. Cyber-Sicherheit. Bitte anschnallen! 10.10.2014, 233: 17.

Süddeutsche Zeitung. 2015. Mehr Sicherheit für Fußgänger. SZ Landkreisausgaben Fürstenfeldbruck. 30.07.2015: R13.

Tamminga, Oliver. 2015. *Zum Umgang mit hybriden Bedrohungen. Auf dem Weg zu einer nationalen Resilienzstrategie*. SWP Aktuell 92. Berlin: SWP.

taz.de. 2014. EU-Bericht zu Produktsicherheit. Wenn die Puppe giftig ist. 25.03.2014, http://www.taz.de/!5045685/. Zugegriffen: 27. August 2015.

Terry, Fiona. 2002. *Condemned to Repeat? The Paradox of Humanitarian Action*. Ithaca: Cornell University Press.

Tickner, J. Ann und Laura Sjoberg. 2010. Feminism. In: *International Relations Theories. Discipline and Diversity*, 2. Aufl., Hrsg. Tim Dunne, Milja Kurki und Steve Smith, 195–212 Oxford: Oxford University Press.

Tourinho, Marcos, Oliver Stuenkel und Sarah Brockmeier. 2016. Responsibility while Protecting: Reforming R2P Implementation. *Global Society* 30 (1): 134–150. DOI: 0.1080/13600826.2015.1094452.

Tow, William T. 2013. Introduction. In: *New Approaches to Human Security in the Asia-Pacific. China, Japan and Australia,* Hrsg. William T. Tow, David Walton und Rikki Kersten, 1–11. Farnham: Ashgate.

Ulbert, Cornelia und Sascha Werthes. 2008. Menschliche Sicherheit – Der Stein der Weisen für globale und regionale Verantwortung? Entwicklungslinien und Herausforderungen eines umstrittenen Konzepts. In: *Menschliche Sicherheit. Globale Herausforderungen und regionale Perspektiven,* Hrsg. Cornelia Ulbert und Sascha Werthes, 13–27. Baden-Baden: Nomos.

UN Women. 2014. Sicherheitsrat der VN bestätigt wichtige Rolle der Frauen in allen Aspekten der Friedens- und Sicherheitspolitik. https://www.

unwomen.de/fileadmin/user_upload/schwerpunktthemen/beteiligung_von_frauen_an_allen_aspekten_von_friedens-_und_sicherheitspolitik/Sicherheitsrat_28102014.pdf. Zugegriffen: 07. Mai 2015.

UNDP. 1994. Human Development Report. http://hdr.undp.org/en/media/hdr_1994_en.pdf. Zugegriffen: 19. Mai 2008.

Union of International Associations. 2012. Yearbook of International Organizations 2011–2012. Guide to Global Civil Society Networks. 48 (5).

US-Regierung. 2014. U.S. Landmine Policy. http://www.state.gov/r/pa/prs/ps/2014/09/231995.htm. Zugegriffen: 29. Oktober 2015.

USAID. 2013. Turning the Page on Genocide. http://www.usaid.gov/news-information/frontlines/risk-resilience-and-media/turning-page-genocide. Zugegriffen: 10. Juni 2015.

Varwick, Johannes. 2009. NATO. Auf dem Weg zum Weltpolizisten. *Aus Politik und Zeitgeschichte* 15–16: 3–9.

Varwick, Johannes. 2010. Das neue strategische Konzept der NATO. *Aus Politik und Zeitgeschichte* 50: 23–29.

VENRO. 2009. *Fünf Jahre deutsche PRTs in Afghanistan: Eine Zwischenbilanz aus Sicht der deutschen Hilfsorganisationen.* VENRO-Positionspapier 1/2009. Bonn: VENRO.

VENRO. 2012. *Konturenlos und unbrauchbar – Das Konzept der vernetzten Sicherheit aus Perspektive von Nichtregierungsorganisationen.* Standpunkt Nr. 2/2012. Bonn: VENRO.

Vereinte Nationen. 1945. *Charta der Vereinten Nationen.* San Francisco.

Vereinte Nationen. 1992. Resolutionen und Beschlüsse des Sicherheitsrats 1992. S/INF/48. http://www.un.org/depts/german/sr/sr_92/s-inf-48.pdf. Zugegriffen: 12. Februar 2016.

Vereinte Nationen. 2000. Security Council Resolution 1325 „Women, Peace, and Security". S/RES/1325. http://www.securitycouncilreport.org/atf/cf/%7B65BFCF9B-6D27-4E9C-8CD3-CF6E4FF96FF9%7D/WPS%20SRES1325%20.pdf. Zugegriffen: 12. Februar 2016.

Vereinte Nationen. 2008. Security Council Resolution 1820 „Women, Peace, and Security". S/RES/1820. http://www.un.org/en/ga/search/view_doc.asp?symbol=S/RES/1820(2008). Zugegriffen: 12. Februar 2016.

Vereinte Nationen. 2009. Security Council Resolution 1988 „Women, Peace, and Security". S/RES/1888. http://www.un.org/en/ga/search/view_doc.asp?symbol=S/RES/1888(2009). Zugegriffen: 12. Februar 2016.

Vereinte Nationen. 2011a. Resolutionen und Beschlüsse des Sicherheitsrats vom 1. August 2010 bis 31. Juli 2011. http://www.un.org/depts/german/sr/sr_10-11/sr1973.pdf. Zugegriffen: 20. Januar 2016.

Vereinte Nationen. 2011b. Resolutionen und Beschlüsse des Sicherheitsrats vom 1. August 2010 bis 31. Juli 2011. Resolution 1975 (2011) vom 30. März 2011. S/RES/1975. http://www.un.org/depts/german/sr/sr_10-11/sr1975.pdf. Zugegriffen: 12. Februar 2016.

Vereinte Nationen. 2011c. General Assembly Sixty-sixth session. Security Council Sixty-sixth year. A/66/551-S/2011/701. http://www.un.org/ga/search/view_doc.asp?symbol=A/66/551. Zugegriffen: 12. Februar 2016.

Vereinte Nationen. 2013. List of non-governmental organizations in consultative status with the Economic and Social Council as of 1 September 2013. E/2013/INF/6. http://csonet.org/content/documents/e2013inf6.pdf. Zugegriffen: 11. Mai 2015.

Vereinte Nationen. 2015a. Uniting Our Strengths for Peace – Politics, Partnership and People. Report of the High-Level Independent Panel on United Nations Peace Operations. 16.06.2015, http://www.un.org/sg/pdf/HIPPO_Report_1_June_2015.pdf. Zugegriffen: 28. August 2015.

Vereinte Nationen. 2015b. Namibia UNTAG. http://www.un.org/en/peacekeeping/missions/past/untagS.htm#UNTAG. Zugegriffen: 08. Oktober 2015.

Vereinte Nationen 2015c. United Nations Peacekeeping Operations. Fact Sheet 30. November 2015. http://www.un.org/en/peacekeeping/documents/bnote1115.pdf. Zugegriffen: 20. Januar 2016.

Vereinte Nationen. 2016. DPKO/OMA Statistical Report on Female Military and Police Personnel in UN Peacekeeping Operations Prepared for the 10th Anniversary of the SCR 1325. http://www.un.org/en/peacekeeping/documents/gender_scres1325_chart.pdf. Zugegriffen: 21. Januar 2016.

Waltz, Kenneth. 1979. *Theory of International Politics*. New York: Random House.

War on Want. 2013. The protest at the G4S's 2013 AGM. http://www.waronwant.org/campaigns/justice-for-palestine/hide/watch/18151-protest-at-the-g4s-agm. Zugegriffen: 11. Juni 2015.

Wendt, Alexander. 1992. Anarchy is what states make of it: the social construction of power politics. *International Organization* 46 (2): 391–425.

Willetts, Peter. 2011. *Non-Governmental Organizations in World Politics. The construction of global governance*. England: Routledge.

Williams, Paul D. 2008. Security Studies. An Introduction. In: *Security Studies. An Introduction*, hrsg. Paul D. Williams, 1–12. London und New York: Routledge.

Wittkowsky, Andreas und Jens Philip Meierjohann. 2011. Das Konzept der Vernetzten Sicherheit: Dimensionen, Herausforderungen, Grenzen. Policy Briefing ZIF. http://www.zif-berlin.org/fileadmin/uploads/analyse/dokumente/veroeffentlichungen/ZIF_Policy_Briefing_AG_VerSic_Apr_2011.pdf. Zugegriffen: 12. Februar 2016.

Wong, Wendy. 2012. Becoming a household name: how human rights NGOs establish credibility through organizational structure. In: *The Credibility of Transnational NGOs. When Virtue is Not Enough*, Hrsg. Peter A. Gourevitch, David A. Lake und Janice Gross Stein, 86–111. Cambridge: Cambridge University Press.

Wulf, Herbert. 2005. *Internationalisierung und Privatisierung von Krieg und Frieden*. BICC/DCAF Schriften zu Sicherheitssektor und Konversion. Baden-Baden: Nomos.

Zangl, Bernhard und Michael Zürn. 2003. *Frieden und Krieg*. Frankfurt am Main: Suhrkamp.

Zedner, Lucia. 2003. The concept of security: an agenda for comparative analysis. *Legal Studies* 23 (1): 153–175.

Zeit online. 2015. Cyberangriff. Offenbar Rechner von Regierungsmitgliedern gehackt. 19.05.2015, http://www.zeit.de/digital/datenschutz/2015-05/cyber-angriff-hacker-bundestag-angela-merkel-trojaner. Zugegriffen: 20. Januar 2016.

Zick, Tobias. 2015. 234 Frauen und Mädchen befreit. *Süddeutsche Zeitung* 04.05.2015: 8.

Zürn, Michael. 1998. *Regieren jenseits des Nationalstaates. Globalisierung und Denationalisierung als Chance*. Frankfurt am Main: Suhrkamp.

MIX
Papier aus verantwortungsvollen Quellen
Paper from responsible sources
FSC® C105338

If you have any concerns about our products,
you can contact us on
ProductSafety@springernature.com

In case Publisher is established outside the EU,
the EU authorized representative is:
**Springer Nature Customer Service Center GmbH
Europaplatz 3, 69115 Heidelberg, Germany**

Printed by Libri Plureos GmbH
in Hamburg, Germany